# LA SALLE DE BAIN

de

Astrid Veillon



Editions ART ET COMEDIE
3 rue de Marivaux
75002 PARIS

# NOTE DE L'AUTEUR

Être intelligente, séduisante, brillante et… célibataire. Être mariée, mère de deux enfants et sclérosée dans une routine épuisante. Être veuve et mère d'une jeune femme de trente ans en pleine crise existentielle. Avoir tout juste vingt ans et être bercée de désillusions.
Cinq portraits de femmes modernes, ayant du mal à trouver leur place, en quête de l'homme parfait ou du gendre idéal, de la réussite sociale, d'une vie meilleure. Face à un véritable phénomène de société, j'ai eu envie de donner la parole à ces femmes en perpétuelle contradiction entre ce qu'elles vivent et ce qu'elles rêveraient de vivre.

Loin d'être une pièce sexiste, ces femmes parlent d'elles, de leurs hommes, de leurs expériences avec naïveté, sensibilité, complexité mais aussi mauvaise foi, hypocrisie.

Laissons-nous glisser dans l'antre même de la féminité, "La salle de bain", le temps d'une soirée bien arrosée durant laquelle ces femmes nous aideront peut-être à mieux nous connaître, nous aideront peut-être à répondre à certaines de nos incertitudes.

Cette comédie intimiste, au goût amer, pleine de vérités parfois violentes, parfois cruelles, fait rire aussi bien les femmes que les hommes. J'espère qu'il en sera de même pour vous !

Tendrement.

Création le 5 mars 2003
Spectacle produit par Hersen prod.
Mise en scène : Jean-Luc Moreau


Avec :


ROBERTS Pascale . . . . . . . . . . . . . . Moumoune
GENTIL Florence . . . . . . . . . . . . . . . . Marie
VEILLON Astrid . . . . . . . . . . . . . . . . . Loulou
PENIN Mathilde . . . . . . . . . . . . . . . . . Ange
SOUBEYRAN Hélèna . . . . . . . . . . . . . . Coco

# PERSONNAGES

**LOULOU** : Fête ses trente ans ce soir. Elle est partagée entre son désir d'aimer et son besoin d'indépendance.

**MOUMOUNE** : Femme d'une soixantaine d'années. Maman de Loulou, confidente des amies de cette dernière.

**MARIE** : Femme embourgeoisée d'une trentaine d'années. Amie d'enfance de Loulou, mariée, mère de deux enfants.

**ANGE** : Femme très masculine, d'une trentaine d'années, meilleure amie de Loulou. Une "célibattante".

**COCO** : Une jeune femme de vingt ans. Artiste peintre. Petite protégée de Loulou.

*Le rideau s'ouvre, on découvre Loulou, une jeune femme d'une trentaine d'années, qui traverse la salle de bain avec une toilette, elle chante quelques notes de la chanson de Diane Tell, "Si j'étais un homme".*

**LOULOU** - "Je t'appellerai tous les jours, rien que pour entendre de ta voix…"

*Elle ressort de la salle de bain et revient avec une nouvelle toilette, toujours en chantant. Elle repart. La porte de la salle de bain s'ouvre tout doucement sur Moumoune, la soixantaine élégante, qui traverse la salle de bain et va se cacher derrière la porte. Loulou revient avec une dernière toilette.*

**LOULOU** - "Mais je suis femme et quand on est femme, on ne dit pas…"

**MOUMOUNE** *(faisant claquer la porte)* - Bon anniversaire ma chérie !!

**LOULOU** *(sursaute et se retourne)* - Maman ! T'es complètement folle ? Ça t'arrive de frapper aux portes ou même de sonner lorsque tu arrives chez les gens ?!

**MOUMOUNE** - Non, pas quand j'ai les clés ! Dis-moi ma chérie, ce sont tes trente ans qui te mettent de mauvaise humeur ?

**LOULOU** - Qu'est-ce que vous avez toutes, avec mes trente ans ? Laissez-moi les vivre mes trente ans, ce sont mes trente ans, mes trente ans à moi ! Alors foutez-moi la paix avec mes trente ans !

**MOUMOUNE** - C'est bon ça… C'est très sain ! Décharge ton agressivité sur moi, il faut que ça sorte ! C'est la crise de la trentaine… Je sais ce que c'est, je suis passée par là ! Je te laisse, je vais m'occuper du champagne ! *(Elle sort en claquant la porte.)*

**LOULOU** *(à elle même)* - Je ne la sens pas cette soirée, mais alors pas du tout ! J'ai horreur des anniversaires ! Fêter le fait de vieillir, c'est déprimant !

*On entend sonner à la porte.*

**LOULOU** *(en hurlant)* - Maman, tu vas ouvrir ? Maman ? *(Encore plus fort.)* Maman !

*Se dirigeant vers la porte, elle manque de se prendre la porte du couloir dans le nez ; elle tombe la tête dans un énorme bouquet de lys blancs.*

**MOUMOUNE** - Oh, pardon ! *(Elle lui tend le bouquet de lys.)* C'est pour toi !

**LOULOU** *(prenant le bouquet)* - Yes !!!

**MOUMOUNE** - Et il y a une petite carte…

**LOULOU** *(revient et lui arrache la carte des mains)* - Yes !!!

**MOUMOUNE** - C'est qui ?

**LOULOU** - Tu me fatigues !

**MOUMOUNE** - De toute façon, je sais qui c'est !

**Loulou** - Tu as lu la carte ?

**Moumoune** - Mon instinct, ma fille, mon sixième sens ! Tu sais, celui qui t'agace profondément depuis que tu es toute petite ! Celui qui me faisait dire que tu n'allais pas bien, que tu étais amoureuse, que tu avais menti, que tu faisais le mauvais choix ! L'instinct maternel, quoi !!

**Loulou** - Alors, "madame Irma", de qui viennent ces fleurs ?

**Moumoune** - Il s'appelle Thomas, ferait un père de famille fabuleux, il est beau, intelligent…

**Loulou** - C'est curieux, je ne reconnais pas son écriture…

**Moumoune** - … t'aime depuis des lustres, respecte ton travail, a une situation confortable…

**Loulou** - Même sa signature…

**Moumoune** *(lui arrachant la carte des mains)* - Mais qu'est-ce que tu racontes, elle est très bien cette signature ! Authentique, même ! Du style, de la classe, des lignes bien droites qui traduisent de toute évidence une assurance dans la vie sociale et une grande stabilité sexuelle.

**Loulou** - Et tu lis tout ça dans une signature ?!

**Moumoune** - Et qu'est-ce qu'il y a d'écrit là, hein ? "Bon anniversaire à la seule femme que j'aime", non ? C'est bien, ça, comme ça pas de concurrence ! Et là, "Tendrement, Thomas", non ? Donc, c'est Thomas ! Non, ma chérie, tu as la chance d'avoir un homme qui est fou de toi, qui…

**LOULOU** - Oui, mais c'est de l'histoire ancienne ! J'y ai cru, mais trop gentil, trop facile, trop… trop mielleux… Trop ! Trop ! Je veux autre chose, je cherche autre chose… Et puis alors, franchement, des lys blancs !

**MOUMOUNE** - Je croyais que c'étaient tes fleurs préférées, les seules que tu voulais pour ton enterrement ?

**LOULOU** - Justement : pour mon enterrement !!

**MOUMOUNE** - Tu ne nous couvres pas une petite déprime, au moins ?!

**LOULOU** - Non, maman, je ne suis pas déprimée… Je suis en bilan…

**MOUMOUNE** - Du temps de ta grand-mère, on rencontrait quelqu'un qui nous plaisait, à qui on plaisait, on se séduisait, très vite on se fiançait, on se mariait pour l'éternité…

**LOULOU** - Et l'on devenait une espèce de yorkshire que l'on trimbalait un peu partout, qui ne faisait pas trop de bruit et qui surtout ne prenait pas trop de place ! On faisait un môme tous les deux ans, histoire de ne pas trop s'ennuyer. Monsieur rentrait à la maison, mettait les pieds sous la table, en râlant parce que ce n'était pas encore prêt, et pour finir il s'endormait devant la télé ! Tu parles d'une vie rêvée !!

**MOUMOUNE** - La télé était de qualité à l'époque ! Mais vous, les femmes d'aujourd'hui, vous êtes incroyablement difficiles. Pense à plus tard, quand tu seras une vieille femme toute décrépite ! Tu ne vas tout de même pas finir ta vie toute seule, totalement sénile, à taper la causette avec ton chien ?

LOULOU - J'aime pas les chiens !

MOUMOUNE - Tu devrais peut-être y songer, t'en as déjà l'humeur ! Et puis un chien, c'est fidèle, joueur, tout le temps de bonne humeur et ça remue la queue en permanence ! *(On entend sonner à la porte.)*

LOULOU - Sauvée par le gong !! Ce doit être Marie ! *(Lui tendant les fleurs.)* Si tu pouvais les mettre dans un vase, merci maman que j'aime ! *(Moumoune sort.)* Je ne sais pas quand, je ne sais pas comment, je ne sais pas pourquoi… enfin si, ça je sais, mais je ne finirai pas ma vie toute seule, c'est évident !!

> *Marie, l'amie d'enfance de Loulou, entre dans la salle de bain, les yeux rougis, avec un énorme sac de voyage. Elle s'effondre en larmes.*

LOULOU - Salut Marie, ça va ? Ça va Marie ? Ça va ? Non, ça va pas !!!

MARIE *(elle s'effondre en larmes dans les bras de Loulou)* - J'en peux plus !! J'ai l'impression de vivre dans une cage à lapins, de passer à côté de ma vie !

LOULOU - Calme-toi, ma douce…

MARIE - Je passe mon temps entre le boulot, à soigner les mômes, les nourrir, les consoler, à faire les courses, les comptes, le ménage !! Quant à nos rapports sexuels, ils sont plus proche de Roger Rabbit que de "9 semaines 1/2" ! J'en peux plus, je quitte Charles !!

LOULOU - Mais non, ma douce…

MARIE - C'est facile pour toi ! Tu fais ce que tu veux, tu es libre ! *(Prenant un ton satanique.)* Je veux pouvoir sortir, boire, danser, m'amuser… baiser ! J'ai vingt-neuf ans, enfin trente depuis une semaine, et j'ai l'impression d'en avoir soixante, de n'être qu'une vieille peau…

**MOUMOUNE** *(qui est arrivée sur cette dernière phrase)* - Je ne me sens pas visée, mais moi, à soixante ans, je me sens très en forme, sûrement plus en forme que vous deux réunies !

**MARIE** - C'est exactement ce que je dis ! Tu te sens plus jeune que moi alors que j'ai trente ans de moins !!! Vous savez quoi ? Il n'y a pas d'innocents en amour, il n'y a que des victimes !

**LOULOU** - Qu'est-ce qui s'est passé encore ? Vous vous êtes disputés ?

**MARIE** - Comment veux-tu qu'on se dispute ? On ne se parle même plus !

**MOUMOUNE** - Ah oui, c'est pas facile pour se disputer, ça !

**MARIE** - Les seuls moments où il m'adresse la parole, c'est pour me faire remarquer qu'il n'y a plus de beurre, de moutarde, ou bien le traditionnel : "T'as pas vu ma chemise ?" Ou encore l'incontournable : "T'as pas vu les clés de la voiture ?" Moi je vous le dis, ce n'est pas une vie, je vais devenir folle, même les enfants ne le supportent plus !!

**LOULOU** *(voulant fuir la situation)* - Maman, tu t'occupes d'elle, il faut que j'aille m'habiller. *(À Marie.)* Tout va s'arranger ma douce !

**MARIE** *(hurlant)* - Je ne suis pas ta douce !

*Elle va pour sortir par la porte de sa chambre alors qu'elle trébuche sur le gros sac de Marie.*

**LOULOU** - Qu'est-ce que c'est que ce sac ? Tu comptes t'installer ?!

**MARIE** - Je ne savais pas quoi me mettre ! *(Loulou sort.)* Elle a de la chance, elle, pas d'obligations, pas de comptes à rendre, pas de mari, pas de gosses, juste elle, elle et elle seule.

**MOUMOUNE** - Tu la crois plus heureuse que toi ?

**MARIE** - Parfaitement !

**MOUMOUNE** - Elle fait partie de cette nouvelle génération qui refuse de croire en l'amour. Elle a préféré le pouvoir à l'amour, et maintenant elle se retrouve sans le pouvoir de l'amour… *(Pour elle-même.)* C'est pas mal ce que je viens de dire !

**MARIE** - Faut quand même pas exagérer !

**MOUMOUNE** - Je peux t'assurer que derrière ses grands airs, ma petite fille n'a qu'une envie : rencontrer le prince charmant ! Le petit prince des collines qui tarde à descendre !

**MARIE** - D'où ?

**MOUMOUNE** - De la colline, justement !

**MARIE** - Elle, au moins, elle s'amuse ! Elle prend des amants jeunes, fougueux, qui lui font connaître les plaisirs de la chair !

**Moumoune** - Tu parles d'un programme !

**Marie** - Tu sais à quoi ça sert les rapports sexuels dans le mariage ? À rien !!! Toujours la même position, toujours le même mec, toujours la même heure ou presque, toujours le même endroit… sauf quand on part en vacances, on change de litière !

**Moumoune** - Et qu'est-ce que tu fais pour que ça change ?

**Marie** - Comment ça, qu'est-ce que je fais ?

**Moumoune** - J'en sais rien, moi ! Il faut lui titiller la libido à ton bonhomme, lui faire monter son taux de testostérone à grand renfort de guêpières torrides et de porte-jarretelles à froufrous ! Il faut les aguicher en permanence, les surprendre, les provoquer, sinon ils deviennent des mous du genou et s'endorment devant "Columbo" ! Il faut lui faire l'amour dans le garage, sur des skis, debout dans un hamac… Enfin, toutes ces petites choses qui pimentent la vie !

**Marie** - Mais j'ai pas le temps de faire tout ça !!!

**Moumoune** - Eh bien, c'est dommage !!

**Marie** - Et puis, pourquoi ça serait à moi de le faire ? Pourquoi ça ne serait pas à lui ? Pourquoi, quand il rentre du boulot, au lieu de se jeter sur moi comme un fauve et me faire l'amour comme un bête, il préfère se ruer sur Internet ? Je gère une maison, deux enfants, mon travail, si en plus je dois gérer mon mari !!!

**Moumoune** - Vous vouliez la parité ? Ne venez pas vous plaindre s'ils ne font plus d'efforts !

**MARIE** - Mon côté mammifère l'obsède ! Tout ce qu'il voit chez moi, c'est mon pouvoir de reproduction ! "Marie, tu me ferais bien un troisième enfant ?" Alors, tu sais quoi ? Je me suis fait poser un stérilet, sans rien lui dire !

**MOUMOUNE** - Des fois, il suffit de peu de choses pour se souvenir des raisons qui nous ont fait nous marier, avoir des enfants… Et puis, comme dirait l'autre : "Les honnêtes femmes sont inconsolables des fautes qu'elles n'ont pas commises !" Prends un amant, ça te changera les idées !

**MARIE -** J'y ai pensé, figure-toi ! Mais je n'ai même pas le temps de m'occuper de moi, alors comment veux-tu que je rencontre quelqu'un ? De toute façon, je crois que je n'aime plus les hommes !!

**MOUMOUNE -** Essaye les femmes !!!

*Loulou revient par la porte de sa chambre : elle est toute belle, maquillée, habillée.*

**LOULOU -** Alors, on en est où ?

**MOUMOUNE -** On progresse, on progresse. *(Elle va pour sortir.)* Loulou tu aurais quand même pu inviter Thomas !

**LOULOU -** Maman, on en reparlera plus tard ! *(Moumoune sort.)* Marie, comment tu me trouves ?

**MARIE -** Sublime, comme d'habitude. C'est facile pour toi, tu n'as pas de ventre, pas de cernes, pas de rides, pas de mari, pas d'enfants…

**LOULOU** - Ça suffit Marie, de toute façon, je t'interdis de quitter Charles, tu n'as pas le droit, pas toi ! Tu ne peux pas me faire ça !

**MARIE** - Comment ça je ne peux pas te faire ça ?

**LOULOU** - Eh oui, Marie, tu ne sais pas ce que c'est de se retrouver tous les soirs, toute seule devant sa télé, à attendre durant des heures que le téléphone sonne parce qu'un misogyne, mégalomane, salopard et pervers t'a promis de t'emmener en week-end à La Baule et qu'il a tout simplement oublié de te dire qu'il était marié et père de deux enfants… Dommage !

**MARIE** - Mais toi, tu ne sais pas ce que c'est de rentrer du boulot à vingt heures, d'aller faire les courses en sortant du travail parce que le frigo est vide, de ne pas avoir le temps de prendre une douche parce que les enfants ont faim, de passer tous les week-ends à faire leurs devoirs, à faire du repassage !!! Alors, excuse-moi, mais je ne sais pas laquelle d'entre nous a le plus de chance ! *(Elle sort par la porte de la chambre avec son gros sac.)*

**LOULOU** - Elle devient complètement folle ! *(Elle prend le téléphone, compose un numéro tout en parlant.)* J'ai trente ans ce soir et j'ai l'impression qu'une délégation m'a été envoyée pour me gâcher cette putain de soirée... Ben voyons, toujours sur répondeur ! *(Elle repose le téléphone.)*

*Marie revient avec une trousse à maquillage.*

**MARIE** - Et tu ne sais pas ce que c'est que d'avoir à coudre soixante fois le nom de ton marmot sur les trente paires de chaussettes dont il a besoin pour sa classe de neige, de vérifier que le carnet de santé est à jour… Tu ne connais pas la puanteur de la "Marie-Rose" qui envahit la maison à chaque rentrée scolaire, les week-ends avec la belle-mère, tu ne sais pas…

**LOULOU** - Mais c'est quoi cette manie d'entrer sans frapper et de m'agresser continuellement ?!

**MARIE** - Ma chérie, qu'est-ce qui t'arrive ? Ce sont les trente ans qui te rendent nerveuse ?

**LOULOU** - Tu ne vas pas t'y mettre toi aussi ?! Oui, j'ai trente ans ! Oui, je suis célibataire !

*Moumoune entre.*

**LOULOU** - Oui, je n'ai pas d'enfants et je vous dis "merde" !

*Loulou sort en claquant la porte. Marie se place devant le miroir et commence à se maquiller.*

**MOUMOUNE** *(s'adressant à Loulou par la porte)* - Ça sort ! Il faut que ça sorte ! C'est très bon !

**MARIE** - Comment j'ai pu ne rien voir venir ? Qu'est-ce qui s'est passé ? Comment en est-on arrivé là ?

*Une sonnerie de portable retentit.*

**MARIE** *(cherche dans son sac, elle en sort son portable)* - C'est Charles, je ne peux pas lui parler… *(Elle donne son portable à Moumoune.)*

**MOUMOUNE** - Qu'est-ce que je lui dis ?

**MARIE** - Je ne suis pas là…

**MOUMOUNE** *(prend le téléphone)* - Attendez Charles, oui elle est là… Enfin, pas loin… Je cherche, hein ! Ne quittez pas, je cherche, je crois qu'elle est dans la salle de bain ! *(À Marie.)* C'est pas possible, je lui ai dit que tu étais dans la salle de bain !!! *(À Charles.)* Oui, oui, c'est très gai, nous nous amusons follement… enfin, vous nous manquez un peu, quand même !!

**MARIE** - T'as qu'à lui dire que j'ai la bouche pleine !!!

*La porte d'entrée sonne.*

**MOUMOUNE** - Ah, je viens de la trouver, mais je ne peux pas vous la passer, elle a la bouche pleine ! Allô ! Charles, allô !… Il a raccroché ! Il est un brin susceptible ce garçon, non ?

*La porte de la salle de bain côté couloir valse contre le mur, faisant sursauter Moumoune et Marie. C'est Ange, une femme un peu masculine, toute vêtue de noir, plutôt séduisante.*

**ANGE** - Marie, Moumoune, mais qu'est-ce que vous foutez encore, toutes les deux ? Il vous manquait la troisième "Drôle de dame", me voilà ! Appelez-moi Kelly, Kelly Magination !!

**MOUMOUNE** - Bonjour Ange ! *(Moumoune rend le portable à Marie et sort.)*

**MARIE** - Alors, comment ça va ?

**ANGE** - Ça va plutôt pas mal. Je me sens seule, déprimée, névrosée, je le sais, je le sens, et tout le monde s'en fout !… Et toi ?

**MARIE** - Je vais quitter Charles…

**ANGE** - Comment ça tu vas quitter Charles ? Tu n'as pas le droit, pas toi… Tu ne peux pas me faire ça…

**MARIE** - Vous commencez à me fatiguer toutes à me dire : "Tu n'a pas le droit, pas toi !" Pas le droit de quoi ?

**ANGE** - Ben, heu… heu… je ne sais pas…

**MARIE** - Sous prétexte que je suis la seule mariée, vous ne pensez qu'à vous !! Ah, ça c'est sûr, ça vous donne un peu d'espoir dans l'éventualité de trouver un jour un homme qui arrivera à vous supporter !

**ANGE** - Mais pas du tout, c'est juste que…

**MARIE** *(en hurlant)* - C'est quand même extraordinaire, ça ! Vous pensez à moi, à ce que je vis, à ce que je veux, à ce que je voudrais, si je suis heureuse, malheureuse ?

**ANGE** - Ça ne va pas de hurler comme ça ? Tu sais très bien qu'il n'y a pas plus anti-mariage que moi ! C'est à toi que je pense. Qu'est-ce que tu vas faire toute seule, avec tes gosses, ton travail et tout le reste ? Et puis, tu sais, des mecs comme Charles, ça ne court pas les rues ! Quand tu vas te retrouver dans la jungle, tu vas voir que les prédateurs ont bien changé ! Finis le romantisme et le champagne !

**MARIE** - Déjà, je ne le quitte pas pour un autre ! Quant aux enfants et à tout le reste, je fais déjà tout toute seule, ça ne changera pas grand-chose !

> *Loulou arrive dans la salle de bain par la porte de sa chambre, bousculant Ange qui se trouvait devant la porte et qui manque de tomber.*

ANGE - Attention, merde !!

LOULOU - Salut Ange, je ne t'ai pas vue entrer !

ANGE - Je ne t'ai pas vue m'ouvrir ! *(Un temps où les filles se toisent, puis elles éclatent de rire. Elle lui offre un cadeau.)* Joyeux anniversaire, ma chérie !!

LOULOU - Merci, c'est gentil. *(Elle pose le cadeau sur le rebord de la baignoire.)*

ANGE - Tu ne l'ouvres pas ?

LOULOU - Non plus tard… Là, j'ai pas envie !

MARIE *(s'effondrant en larmes)* - C'est ça que j'ai oublié : ton cadeau… Quelle gourde ! Je suis nulle, j'ai oublié d'acheter ton cadeau, j'en avais l'intention mais là, avec tous ces événements…

LOULOU - C'est pas grave, Marie, c'est l'intention qui compte ! *(À Ange.)* Et toi, tu es venue seule ? Il n'est pas là… Comment tu l'appelles déjà ?

ANGE - "El Diablo" ! Il n'est pas là et il ne sera plus jamais là, il m'a fatiguée !

LOULOU - Il t'a fatiguée ou tu l'as saoulé avec ton discours féministe genre : "Je ne m'embarrasse pas des névroses d'un homme, j'ai assez des miennes", "Je couche mais…"

ANGE - Très drôle !! Non, cette fois, j'ai essayé de faire attention. La preuve, l'histoire a duré près de quatre mois, ce qui n'est pas rien, n'est-ce pas mesdames ?

MARIE - Qu'est-ce qui s'est passé ?

ANGE - Pas grand-chose ! Il est arrivé hier soir pour un petit tête-à-tête, tout s'annonçait plutôt bien. J'avais fait appel au traiteur italien, en bas de la maison. Je m'étais mise sur mon trente et un, j'étais passée chez l'esthéticienne : les jambes, les pieds, les mains, le maillot…

LOULOU - Le grand jeu !!!

ANGE - En plein milieu du dîner, ce tocard hispanique me regarde droit dans les yeux et me balance : "Tu sais, en ce moment, je ne me sens pas très bien, j'ai besoin de voir de nouvelles têtes, de vivre de nouvelles expériences."

LOULOU - Sans déconner !

ANGE - Alors, je lui ai demandé ce qu'il entendait par "nouvelles têtes", par "nouvelles expériences". Si c'étaient des femmes ou des hommes, tout ça en gardant mon calme bien évidemment, rien ne paraissait de mon envie de lui foutre les "Fettucini à la rabbiata" dans la gueule !

MARIE - Et alors ?

ANGE - Il m'a dit : "Non, je ne sais pas, rencontrer d'autres gens, voir ce qui se passe ailleurs…" C'est à ce moment précis que je lui ai coupé la parole et je lui ai répondu d'une voix suave mais ferme : "Tu sais quoi ? C'est dommage mon grand, mais il va falloir que tu t'en ailles maintenant, toi et ton costume Kenzo en lin de merde ! Tu prends tes fleurs, ta petite gueule d'amour, et tu te casses de mon appart' et surtout de ma vie !"

LOULOU - Ah ! là ! là ! Je t'imagine d'ici !

ANGE - Et là, le mec, no réaction ! Il est resté sur le cul, pétrifié ! Livide ! Gélatineux ! Limite loukoum !

**LOULOU** - "El Diablo" est devenu "El Chulo" !

**ANGE** - Exactement !! Je lui ai donc débarrassé son assiette, lui ai donné son manteau, l'ai raccompagné jusqu'à la porte, toujours aussi calmement. J'ai attendu derrière cette même porte un signe, un mot, un geste, mais rien ! Je suis allée dans la cuisine casser deux assiettes, fin de l'histoire, au suivant ! *(Rupture de ton, regardant Loulou.)* Quand je pense que tu as trente ans !!!

**MARIE** - Si j'étais toi, j'éviterais le sujet, elle est un peu sur les nerfs, le passage de la trentaine est plutôt mal vécu !!

**LOULOU** - Pas du tout ! Mais alors, pas du tout ! Je suis une femme très heureuse, très épanouie, très fière d'avoir trente ans. J'ai un boulot que j'aime, qui m'apporte beaucoup de bonheur, je ne suis pas trop vilaine, pas trop con…

**ANGE** - Non, pas trop !!

**LOULOU** - Il me reste à peu près une dizaine d'années pour trouver le père de mes enfants, que demander de plus ? *(Elle change radicalement de conversation et se veut provocante vis-à-vis d'Ange.)* Tu sais, Ange, je suis comme toi ! Moi aussi j'ai horreur de me faire plaquer. On en prend un grand coup dans notre amour propre, le type nous manque…

**ANGE** - Oui, mais là, ça tombe plutôt bien puisque c'est moi qui l'ai largué !

**MARIE** - C'est toi qui l'as largué, c'est toi qui l'as largué…

*Moumoune entre.*

**MOUMOUNE** - Bon, les filles, les ravalements sont terminés ? Loulou, je ne veux pas te stresser ma chérie, mais tes amis commencent à arriver, il serait de bon aloi que tu viennes les accueillir, il me semble que tu fêtes tes trente ans ce soir !

**LOULOU** - On va le savoir, maman ! *(Loulou et Moumoune sortent.)*

**MARIE** - Pas trop déçue pour "El Diablo" ? Quatre mois… Il devait sortir du lot, celui-là !

**ANGE** - Déçue pour un mec, non mais franchement, n'importe quoi ! Non, je suis même allée fêter mon nouveau célibat avec Francis ! On s'est pris une biture, tu ne peux même pas imaginer ! J'ai passé la journée, téléphone débranché, à végéter entre le canapé et les toilettes. À chaque fois que je tournais la tête, j'avais l'impression qu'elle allait tomber ! *(Rupture.)* C'est là où tu te rends compte que, finalement, c'est très lourd une tête !

**MARIE** - Ça dépend de ce qu'il y a dedans ! Je me souviens que lorsque j'étais encore célibataire, ce qui me rendait folle après une rupture, c'était cette fâcheuse tendance à ne voir que des couples. Toi, tu pleures ton amour perdu et… *(Marie commence à avoir les larmes aux yeux.)*… partout où tu regardes, tu ne vois que ça, des gens qui s'aiment, qui s'embrassent, qui se tiennent par la main et qui nous rappellent que nous ne sommes que des parias de l'amour.

**ANGE** - Ce n'est pas le genre de trucs que je remarque ! Non, tu vois, moi, après une rupture, j'ai une grande faculté d'oubli ! D'ailleurs, je n'ai pas perdu de temps !

**MARIE** - C'est-à-dire ?

**ANGE** - Eh bien, dans ma beuverie, j'ai fait la connaissance d'un charmant jeune homme, enfin je ne me rappelle pas vraiment de la tête qu'il avait, mais je sais qu'il était plus "Rocco" que "Pikatchu" !

**MARIE** - Tu te souviens qu'il était bien monté mais tu ne te souviens pas de sa tête ?

**ANGE** - Je m'en souviens car, au toucher, j'ai été très surprise. Maintenant, pour ce qui est de la tête, je me fie à mon minimum de bon goût !

**MARIE** - Vous êtes rentrés ensemble ?

**ANGE** - Jamais le premier soir ! C'est la base de tout, ma chérie !

**MARIE** - Hein, hein ! Et le deuxième ?

**ANGE** - Il n'y a pas de règle mais, statistiquement, plus tu les fait attendre, plus ils vont te respecter. En gros, ça dépend de ce que tu attends. Si c'est un coup pour un coup, faut prendre ce qu'il y a à prendre ! Maintenant, si c'est un coup de… foudre, si tu sens que vous pouvez vivre quelque chose ensemble, partager un bout de chemin, ou je ne sais quoi, il vaut mieux prendre son temps.

**MARIE** - Hein, hein ! Et toi, tu arrives à sentir ça dès le premier soir ? C'est plus un nez que t'as, c'est un sonar !

ANGE - Tu me fatigues, Marie. Moi, je marche à l'instinct : lorsque je rencontre un mec susceptible de m'intéresser, il y a chez moi comme une machine qui se met en route. Mes sens se mettent en éveil : la vue, l'odorat, le toucher, enfin un peu comme un animal, tu vois ?

MARIE - Hein, hein ! Et la réaction de tes sens te fait dire si vous allez vivre une grande histoire d'amour ou si ça ne va durer qu'un soir ?

ANGE - Tu m'emmerdes !! Il existe effectivement des signes négatifs en fonction de mes attentes. Il y a parfois une forte attirance physique, mais dès que tu discutes un peu, tu te rends compte que c'est un paumé, genre "bimbo" ascendant "chippendale", qu'il est complètement fauché et des fois tout en même temps ! Une espèce de compile de "looser" tu vois ? Ou alors, ce qui est très, très, très rare : qu'il corresponde vaguement au profil idéal.

MARIE - Hein, hein ! Et c'est quoi pour toi le profil idéal ?

ANGE - Mais t'es d'une lourdeur !!! Avant, je cherchais l'absolue perfection. Je le voulais beau, riche, intelligent, drôle, attentionné, bon amant.

MARIE - Hein, hein ! Et ça existe ?

ANGE - Tu vas me laisser finir maintenant ?! Il faut suivre le raisonnement jusqu'au bout !… Justement, comme la déception est toujours à la hauteur de nos espérances, j'ai réduit le nombre de mes exigences à trois : intelligent, gentil, avec une carrière solide.

**MARIE** - Hein, hein ! Et si physiquement il ne te plaît pas, tu fais comment ?

**ANGE** - Non, mais là, la question ne se pose même pas ! Il est évident que je n'irai pas m'intéresser à un mec qui ne m'attire pas physiquement !

**MARIE** - Hein, hein ! Et si au lit, ça ne se passe pas comme tu veux ?

**ANGE** - Tu veux dire si c'est un "peine à jouir", s'il a un sexe en forme "d'agace-cul" ou un truc dans le genre ?

**MARIE** - Oui, enfin, je ne l'aurais pas formulé comme ça mais…

**ANGE** - Ah, ben non, ça c'est pas possible !

**MARIE** - Je comprends pourquoi t'es toujours célibataire !

*La porte s'ouvre sur une ravissante jeune femme. C'est Coco.*

**COCO** - Ah, vous êtes là ! C'est le carré V.I.P. ?

**MARIE** - Salut Coco ! Ange me faisait part de sa théorie sur les hommes !

**COCO** *(ironique)* - Je suis désolée d'avoir manqué ça !

**ANGE** - On dit "bonjour" à ses aînées avant de leur rentrer dans le chou, merdeuse !

**COCO** - Bonjour le troisième âge ! *(Elles s'embrassent.)*

**ANGE** - Il n'y a pas à dire, t'es toujours aussi belle ! Profite ma fille, du haut de tes vingt piges tu…

**Coco** - Tu verras quand tu auras notre âge !! Je la connais par cœur la rengaine ! Entre nous, vous êtes pas mal non plus ! Enfin, Marie, t'aurais pu faire un effort !

**Marie** - Avec tout ça, je ne me suis même pas changée !

**Ange** *(en voix off)* - C'est vrai qu'elle est agaçante cette petite, elle ne se rend même pas compte de son pouvoir de séduction, avec ses yeux de biche, son corps de déesse, ses cheveux sublimes… Elle est tout simplement magnifique ! En plus, elle n'est même pas anorexique, c'est dégueulasse !

*Marie va dans la chambre de Loulou. Coco sort un tableau de son sac.*

**Ange** - C'est quoi ce truc ?

**Coco** - C'est le cadeau de Loulou, c'est moi qui l'ai fait !

**Ange** *(lui prenant des mains)* - T'aurais pas dû arrêter les cours ! *(Elle lui rend.)*

**Coco** - Je n'ai pas vu Charles ?

**Ange** - Chut !! Normal, il n'est pas là ! Marie veut le quitter !

**Coco** - Elle s'est enfin rendue compte que son mec n'était pas mieux que les autres ?!

**Ange** - Qu'est-ce que tu racontes ? Charles est le type le plus merveilleux que j'aie pu rencontrer : intelligent, gentil, avec une carrière solide et… droit…

**Coco** - Droit, droit, il faut le dire vite ! Je l'ai vu il y a trois jours, dans un resto. Il était avec une bimbo genre "Alerte à Malibu" ! Les yeux dans les yeux, à se faire des mamours, des bisous et tatati et tatata !

**Ange** - Genre "gros cul, gros seins" ?! C'est pas possible, pas lui, pas Charles ! Il ne peut pas faire ça à Marie !

**Coco** - Eh bien si, tu vois, c'est possible ! Pourquoi pas Charles ? Je ne connais que des mecs mariés qui trompent leurs femmes et je sais de quoi je parle, puisque je ne tombe que sur des mecs mariés !

*Moumoune entre.*

**Moumoune** - Vous n'avez pas vu ma fille ? J'ai un petit problème avec le four, il y a de la fumée plein la cuisine et ça sent le brûlé alors qu'il n'y a rien dedans !! C'est quand même étrange, non ?! *(Moumoune sort.)*

**Ange** - Comment on va dire ça à Marie ?

**Coco** - Tu m'as dit qu'elle voulait le quitter, là au moins elle a une bonne raison !

**Ange** - C'est pas pareil. J'en ai connu des faux-culs dans ma vie, mais alors lui c'en est une synthèse, comme dirait l'autre !

**Coco** - Tu sais, au bout d'un certain temps… je dirai même mieux, d'un temps certain… l'habitude, la mono-tonie, la routine et tout le reste ça pèse. On a besoin de voir autre chose, de toucher de la chair fraîche…

**Ange** - Mais comment tu parles ?!

**Coco** - Oh, tu sais, moi je te répète ce qu'ils me disent tous, mais je te rassure, c'est juste comme ça. Il n'y en a pas un pour quitter sa femme. Encore une fois, je sais de quoi je parle, puisque c'est toujours moi qui me retrouve sur le carreau !!

**Ange** - Oui, eh bien c'est de ta faute, tu n'as qu'à pas toucher aux hommes mariés !

**Coco -** Tu crois que c'est tatoué sur le front ? "Ne pas toucher, homme marié !" Tu crois qu'ils gardent leurs alliances quand ils sortent entre eux ? Quand ils sont en déplacement, en séminaire, au restaurant ou au théâtre ?

**Ange** - Oui, eh bien tu n'as qu'à sortir avec des mecs de ton âge !!!

**Coco -** J'ai pas l'âge de sortir avec des mecs de mon âge ! *(Coco va pour sortir, elle manque de se prendre la porte. C'est Loulou qui arrive par le couloir.)* Ça va pas, non ?! Tu ne peux pas frapper avant d'entrer ? J'ai failli finir à l'hosto avec un nez cassé !

**Loulou** - Dis donc, toi, c'est ma salle de bain !… Je peux entrer sans frapper, à poil avec une plume dans le cul si ça me chante ! *(À Ange.)* Vous vous êtes encore pris la tête ?

**Coco -** Cette fois, ce n'est pas de ma faute ! C'est "l'intello de service" qui a encore frappé ! Je vais retrouver mon homme. *(À Ange.)* Parce que moi, Madame, il est peut-être marié, mais il est là, avec moi, ce soir, si tu vois ce que je veux dire ! *(Elle sort.)*

**Loulou** - Tu savais que Marilyne s'était fait refaire le nez ?

ANGE - Si j'étais elle, je n'aurais pas commencé par le nez : avec les dents qu'elle a, son nez c'est un détail !

LOULOU - Elle est là, alors autant éviter le drame !

ANGE - En parlant de drame, j'ai vu "monsieur-je-sais-tout", enfin, Thomas, hier soir chez "Castel" !

LOULOU - Tu l'as vu, hier soir, chez "Castel" ? Il était avec qui ? Il était seul ou accompagné ? Il est resté tard ?

ANGE - Ça t'intéresse ?

LOULOU - Pas du tout ! C'est par pure curiosité ! *(Après un temps.)* Mais il est resté tard ? Comment il était ? Il était en forme ? Il était seul ou accompagné ?

ANGE - Il me semble que ta grande copine Pénélope n'était pas loin.

LOULOU - Pénélope ! Pénélope "la salope" était avec lui ?!

ANGE - J'ai dit qu'elle n'était pas loin, je n'ai pas dit qu'elle était avec lui ! Et puis de toute façon, qu'est-ce que ça peut te faire avec qui il était ? C'est de l'histoire ancienne, non ?

LOULOU - Oui, t'as raison, après tout je m'en fous… Mais après tout ce qu'il m'a dit sur elle, ça me dégoûte !

ANGE - Typiquement masculin ! Dès qu'ils traversent une crise existentielle, ils sautent sur tout ce qui bouge !

LOULOU - Donc ils étaient ensemble !

ANGE - Ne me fais pas dire ce que je n'ai pas dit…

*Moumoune rentre.*

**MOUMOUNE** - Tout va bien ma fille, aucun problème du côté du four ! Cependant, ma chérie, dans le toaster on met des toasts, pas des éponges !! *(Moumoune repart.)*

**LOULOU** - Ce mec est une ordure !!

**ANGE** - Mais ce sont tous des ordures ! Même l'autre… Charles… il a une maîtresse !

**LOULOU** - Quoi ? Qu'est-ce que tu racontes ? C'est pas possible, pas Charles, pas lui, il ne peut pas faire ça à Marie ?!

**ANGE** - C'est ta petite protégée qui l'a vu dans un resto avec une blondasse décolorée, genre "gros cul, gros seins", main dans la main, yeux dans les yeux et je t'en passe et des meilleurs…

**LOULOU** - Comment ça s'est passé ? Qu'est-ce qui lui a pris ? Depuis combien de temps cela dure ? D'où elle sort ? Qui est-elle ?

**ANGE** - Respire !… J'en sais rien du tout !

*La porte de la chambre s'ouvre. C'est Marie qui entre, prenant une pose de top-modèle pour montrer sa belle tenue. Ange et Loulou restent immobiles.*

**MARIE** - Qu'est-ce qui vous arrive ? Pourquoi vous me regardez comme ça ? Je ne suis pas bien ? C'est ma robe ? Elle est trop courte ? Mes chaussures ? Eh bien, dites-moi !

**LOULOU ET ANGE** - Non, non, rien du tout !

**LOULOU** - Tu es superbe… Hein, Ange ? Elle est très très belle !!

**ANGE** - Très très belle !

**MARIE** - Je vous sens bizarres, toutes les deux ! Qu'est-ce que vous me cachez ? Je vous connais, avec vos regards en coin !

**LOULOU** - Non, non, rien du tout, c'est moi, je suis un peu contrariée, je ne me sens pas très bien.

**ANGE** *(rentrant dans son jeu)* - Ça va pas ?

**MARIE** - Elle est arrivée, c'est ça ?

> *Loulou et Ange se regardent, incrédules, ne comprenant rien de ce que raconte Marie.*

**ANGE** - De qui tu parles ?

**MARIE** - Je suis désolée, j'ai pas eu le temps de t'en parler avec tous ces événements… *(Elle commence à pleurer.)*

**LOULOU** - Marie, de qui tu parles ?

**MARIE** - Pénélope.

**LOULOU** - Quoi, Pénélope ? Pourquoi tu me parles de cette espèce d'arriviste, prétentieuse, de cette erreur de la nature ?

**MARIE** - Elle ne t'a pas appelée ? Tu n'as pas eu de ses nouvelles récemment ?

**LOULOU** - Pourquoi j'aurais des nouvelles de cette morue ?

**MARIE** - Eh bien… *(Se raclant la gorge.)*… elle est venue au cabinet la semaine dernière pour son fils et je ne sais plus comment la conversation est arrivée sur toi et je crois qu'elle m'a dit qu'elle venait ce soir avec Stéphane.

**LOULOU** - Elle t'a dit qu'elle venait ce soir ? À mon anniversaire ? Ici, chez moi ? Dans ma maison ? Avec Stéphane, mon ex-ex-ex ?

**ANGE** - Respire, respire !!

**LOULOU** - Oui, t'as raison. *(Elle respire.)*

**MARIE** - Non… mais elle n'osera jamais faire ça…

**LOULOU** - Tu plaisantes ?! Elle est capable de tout pour savoir qui j'ai invité, avec qui je couche, où je vis, ce que je fais, qui je vois, où je vais, avec qui, pourquoi, quand, comment !!!

**ANGE** - Respire, je te dis !

**LOULOU** - Oui, t'as raison ! *(Elle respire.)*

**MARIE** - Je ne pense pas qu'elle soit si méchante…

**LOULOU** *(en hurlant)* - De quoi tu me parles ? De toute façon, pour toi, dès qu'une femme a un enfant, elle ne peut pas être totalement mauvaise. Mais tu ne vois pas, elle ne sait même pas qui est le père ! Et tu veux que je te dise ? Je n'ai jamais compris comment tu pouvais être amie avec cette fille !

**MARIE** - Déjà, ce n'est pas mon amie, c'est une patiente !

Loulou - Je vais me la faire !

Marie - Et je te rappelle que c'est toi, il y a cinq ans, à la naissance de son fils, qui me l'as envoyée !!!

Loulou *(en hurlant)* - Justement, c'était il y a cinq ans, le temps passe, on se lasse, et les amitiés trépassent !

*Moumoune entre par la porte du couloir.*

Moumoune - Non mais chérie, ça ne va pas de crier comme ça ? Je te rappelle que ce sont tes trente ans ce soir et que tes amis sont venus pour s'amuser, rigoler, et non pour t'entendre hurler des insultes à qui mieux mieux !!

Loulou - Je ne peux pas y aller ! Ange, tu pars en éclaireur, tu me ramènes une coupe de champagne et tu me tiens au courant. Marie, mon bocal de cornichons : je vais en avoir besoin !

*Marie et Ange sortent de la salle de bain.*

Loulou - Pourquoi la vie est-elle si injuste ? Pourquoi je n'ai jamais eu de chance ? Pourquoi ça n'arrive toujours qu'à moi ? Je croyais que j'aurai une trêve pour ce fameux jour où il y a tente ans pile, tu souffrais le martyre pour me mettre au monde, en hurlant de douleur pour me donner une vie que je n'arrive pas, mais alors pas du tout, à gérer !

*Loulou va dans sa chambre. Elle laisse la porte ouverte et continuera la conversation en faisant des allers-retours. Moumoune s'assoit sur les toilettes.*

Moumoune - C'est vrai, tu es la plus malheureuse des jeunes femmes. Tu es laide comme un pou, tu n'as pas un travail en or, tu ne rencontres jamais personne, tu ne voyages jamais, tu n'as pas d'argent, pas de maison, pas d'amis, tu es malade !!

**LOULOU** *(passe la tête par la porte)* - Je sais tout ça, mais ce n'est pas facile, pas facile du tout !! *(Elle repart dans sa chambre.)*

**MOUMOUNE** *(en portant la voix)* - Eh non, ce n'est pas facile, rien n'est facile ! Si tu essayais de relativiser un peu, d'arrêter de te créer des problèmes ?! Ma fille, regarde le chemin que tu as fait : tu crois vraiment que tu es à plaindre ?

*Loulou revient, elle s'est changée, elle est dans une tenue plus décontractée.*

**MOUMOUNE** - Pourquoi tu t'es changée ?

**LOULOU** - Justement pour changer ! Pénélope va arriver ici d'un instant à l'autre avec Stéphane, mon ex-ex-ex, alors que Ange a vu cette salope, hier soir, chez "Castel", avec MON Thomas !

**MOUMOUNE** - Comment ça, Ange a vu Pénélope avec TON Thomas chez "Castel" ?

**LOULOU** - Eh oui, c'est mon cadeau d'anniversaire ! Il peut toujours m'envoyer des fleurs, cette espèce d'ahuri !!

**MOUMOUNE** - Mais ils sont ensemble ?

**LOULOU** - Je n'en sais rien, mais je peux t'assurer que je vais le savoir !!

**MOUMOUNE** - Eh bien moi je sais, c'est pas possible !

**LOULOU** - Encore ton sixième sens ?

**MOUMOUNE** - Exactement !

**LOULOU** - Maman, tu prends cette histoire beaucoup trop à cœur !

**MOUMOUNE** - Pas du tout ! Mais Pénélope, franchement ! Hein, franchement ? Il pourrait trouver mieux !!

**LOULOU** - Je ne te le fais pas dire ! J'en ai encore une très très bonne à t'annoncer et pourtant la soirée ne fait que commencer !… J'ai horreur des anniversaires !

**MOUMOUNE** - C'est grave ?

**LOULOU** - Charles a une maîtresse !

**MOUMOUNE** - Charles a une maîtresse ? Effectivement, ils ont de gros, gros problèmes de couple !

**LOULOU** - Peut-être mais Marie ne l'a pas trompé, elle !

**MOUMOUNE** - Ça tu n'en sais rien et d'une, et de deux c'est ce que nous appelons l'instinct primaire de l'homme : au lieu d'affronter les problèmes de front, ils prennent une maîtresse et attendent que ça passe. C'est pas plus compliqué que ça ! Maintenant, reste à savoir ce que tu dois faire. Est-ce que tu dois le lui dire ou non ? Si oui, comment lui dire ? Et là, ce n'est pas une mince affaire !

**LOULOU** - Jamais je n'aurai le courage de le lui dire ! J'ai l'impression que plus les siècles passent, plus les femmes et les hommes s'éloignent les uns des autres !

> *Ange revient par la porte du couloir, munie de plusieurs coupes de champagne, d'un bocal de cornichons et de son sac à main.*

**Loulou** - Alors, elle est là ?

**Ange** - Pourquoi tu t'es changée ?

**Loulou** - Justement pour changer !! Elle est là ?

**Ange** - Ah ça, pour être là, elle est là et bien là même, je dirai ! Elle nous a fait une superbe entrée, avec un décolleté, tu te croirais dans les gorges du Verdon, tombant dans les bras de tout ce qui peut ressembler de près ou de loin à un mâle ! Elle est parfaite. Elle s'est pas fait gonfler un peu la bouche ?

**Loulou** - Mais oui, mais oui ! Elle s'est même remise un petit de coup de silicone dans les seins, il y a à peine deux semaines, c'est Christine qui me l'a dit.

**Moumoune** - Bonjour le secret médical !

**Loulou** - Elle a même projeté de se faire raboter le menton ! Cette fille est complètement barrée ! Elle était plutôt jolie avant… Conne mais jolie.

**Ange** - Un charmant jeune homme a fait son apparition. Je dirai même plus que charmant, un bel étalon qui semblait un peu perdu en plus d'être un peu jeune. Il s'appelle Kevin… *(Loulou se lève précipitamment et va se coiffer devant le miroir.)*… et je ne te cache pas que ton amie Pénélope est déjà sur le coup !

**Loulou** - Pénélope ! Une jument de hallage celle-là, elle branche tout ce qui bouge ! Elle débarque ici avec Stéphane, mon ex-ex-ex, elle était hier soir avec le seul homme que j'ai vraiment aimé…

**Ange** - Je croyais que tu n'étais plus amoureuse ?

**LOULOU** - C'est pas le problème !

**MOUMOUNE** - Qui est ce Kenny ?

**LOULOU** - Kékéké qui ?… Kévin on te dit, maman, Kévin ! C'est rien du tout. Un jeune mannequin que j'ai rencontré lors d'un vernissage. Nous avons sympathisé, parlé. Et on a fait des photos dans mon lit ! *(Elle sort.)*

**MOUMOUNE** - Et voilà, elle s'est encore trouvé un jeune pubère, en pleine crise d'adolescence, avec un seul et unique but : se retrouver candidat pour se faire enfermer dans un loft avec des poules et des coqs !!! Depuis qu'elle a quitté Thomas, qui était tout de même proche de la perfection, elle fait n'importe quoi ! Comment voulez-vous qu'elle s'en sorte ?

**ANGE** - Vous dramatisez, Moumoune ! Loulou a déjà rencontré des types très bien qui avaient tout pour la rendre heureuse !

**MOUMOUNE** - Pas tant que ça !

**ANGE** - Il y a eu cet avocat : il était parfait, intelligent, célibataire, sans enfants, et fou d'elle !

**MOUMOUNE** - C'est vrai, celui-ci me plaisait beaucoup, il sortait du lot, mais il était quand même un peu spécial ! Vous ne vous souvenez pas ?

**ANGE** - Non !

**MOUMOUNE** - Elle a pourtant essayé, vous la connaissez, elle est plutôt large d'esprit… Mais alors ce besoin de s'habiller en femme à chaque fois qu'ils allaient…

**ANGE** - Elle ne me l'a pas dit ! Et le chirurgien esthétique ? Lui, vous ne pouvez pas dire qu'il n'était pas parfait !

**MOUMOUNE** - C'est vrai, lui me plaisait beaucoup, à ce détail près qu'il a disparu du jour au lendemain sans laisser d'adresse ni de téléphone. Monsieur avait peur de s'engager !

**ANGE** - Sans déconner, ils sont tous pareils ! Il avait quel âge ?

**MOUMOUNE** - Quarante ans !

**ANGE** - Vous imaginez, à quarante ans, avoir peur de s'engager ! On devrait demander à l'Etat de voter une loi contre "l'engagement-phobie" !

**MOUMOUNE** - De toute façon, je n'arrive pas à comprendre votre façon de voir les choses ! Vous croyez que c'est facile d'être un homme de nos jours ? Ils ne trouvent plus leur place, se sentent inutiles, et même pire, ils se sentent de trop !

**ANGE** - Mais ils sont de trop ! Qu'est-ce qu'un homme pourrait m'apporter que je n'aie pas déjà ? J'ai une maison, un travail, un 4X4, une Mastercard, une armoire pleine de fringues…

**MOUMOUNE** - De l'amour par exemple. De la tendresse, une protection…

**ANGE** - Des cris, des larmes, du ménage, du stress…

**MOUMOUNE** - Un foyer, une présence, un bébé…

**ANGE** - De nos jours, on n'a pas besoin d'un homme pour faire un enfant !

*On frappe à la porte du couloir. Marie entre.*

**MARIE** - Moumoune ! Loulou a du mal à gérer tout ce petit monde, Pénélope "la salope", Stéphane "le suicidaire" et sa bombe atomique… elle est complètement débordée !

**MOUMOUNE** - J'arrive !

*Marie repart.*

**MOUMOUNE** - Vous croyez vraiment que Pénélope et Thomas sont ensemble ?

**ANGE** - Je les ai vus ensemble, j'ai pas dit qu'ils étaient ensemble…

**MOUMOUNE** - Parce qu'il faut que je vous dise : j'ai envoyé à Loulou un bouquet de lys blancs, de la part de Thomas, avec un petit mot doux, pour qu'elle se décide enfin à le rappeler !

**ANGE** - Connaissant Loulou, je suis sûre que ça va beaucoup lui plaire !

**MOUMOUNE** - Il est curieux aussi, ce garçon, il n'arrête pas de m'appeler pour me demander des nouvelles de ma fille et il s'envoie en l'air, excusez l'expression, avec une "pétassonne" qui ne ressemble à rien !

**ANGE** - Vous savez, entre les hommes et "les gros culs, gros seins", c'est un big-bang métaphysique !

**MOUMOUNE** - Encore un qui a un "machin" à la place du cerveau ! *(Elle va pour sortir.)* Vous ne direz rien pour les fleurs ?

ANGE - Promis !

*Moumoune sort. Ange s'allonge à même le sol et commence à respirer profondément. Elle fouille dans son sac.*

ANGE - Eh bien voilà, c'est le moment crucial !

*Coco entre.*

COCO - Qu'est-ce que tu fais allongée par terre ?

ANGE *(retirant sa main du sac discrètement)* - Je n'ai rien à faire debout !

COCO - Mais encore ?

ANGE - Je me ressource ! L'énergie du sol m'aide à me recentrer ! C'est tellurique !

COCO - Et tu te recentres sur quoi ?

ANGE - Sur ma vie ! Je suis en train de me demander ce que j'attends d'un homme. Pourquoi, à trente ans, je n'ai encore rencontré personne qui m'ait donné envie de construire.

COCO - T'as essayé un architecte ? *(En voix off.)* Ma pauvre Ange, si tu savais combien tu es chiante avec ton discours féministe, limite sexiste ! Comment veux-tu qu'un mec puisse se laisser séduire par une femme qui dégage tout sauf l'envie de construire une relation, sans rapport de force, dans la simplicité, dans l'amour ?... Mon Dieu, elle a les jambes arquées, je ne m'en étais jamais rendu compte !

**ANGE** *(comme si elle avait enfin compris, elle se relève, elle s'assoit)* - Mais oui ! C'est ça mon problème. Personne ne m'a donné l'envie. L'envie de me marier, l'envie de faire des enfants, l'envie de penser à deux ! L'envie d'avoir envie !

**COCO** - C'est bien toi qui as décidé de faire l'impasse sur les "extases conjugales", non ?

**ANGE** - Parce que je n'ai pas rencontré le bon. Et puis c'est toujours le même problème : quand tu tombes sur un mec qui te plaît vraiment, où soudain tu te surprends à envisager l'éventualité de l'ombre du départ d'un truc sérieux... il y a toujours quelque chose qui cloche. Ou alors tu n'en veux pas et alors là, il s'accroche lamentablement !! Tu sais, un peu comme une vieille tique : t'as beau te gratter, ça ne part pas !! Mais on le garde sous le coude, au cas où…

**COCO** - Au cas où ?

**ANGE** - Pour les soirées d'hiver ! Tu n'as pas ça, toi ? Le bon Samaritain ! Celui qui est toujours là pour toi, celui qui te trouve toujours belle, même le lendemain de fête où tu as passé ta nuit à vomir tout ce que tu savais et que tu te réveilles avec la tête à l'envers et lui qui te regarde les yeux plein d'amour, d'admiration : "T'es belle ce matin, tu es mon soleil", et toi qui n'as qu'une envie : qu'il sorte de ton lit, de ta vie, à tout jamais !

**COCO** - Je n'ai pas vraiment ce genre de problèmes maintenant que j'en ai plusieurs ! Eh oui, c'est l'avantage des hommes mariés : ils ne peuvent rien exiger puisque pas libre ! Enfin, ça ne m'empêche pas de péter les plombs de temps en temps.

**ANGE** - Vas-y, raconte !

**COCO** - J'étais avec un mec depuis à peu près un mois… il n'était pas marié ! Eh oui, ça arrive ! Du coup, ça m'a donné des idées. C'était en plein milieu de la nuit, je me suis réveillée dans ses bras…

*La porte du couloir s'ouvre sur Loulou.*

**LOULOU** - J'en peux plus ! Entre ma mère qui ne lâche pas Kevin pour savoir ce qu'il a dans la tête…

**ANGE** - Ça va être rapide ça…

**LOULOU** - … Moi qui n'arrive pas à savoir ce qui se passe entre Thomas et Pénélope "la salope"… et pour cause, elle est complètement bourrée, elle dit n'importe quoi !

**COCO** - Ça ne change pas beaucoup !

**LOULOU** - Je suis une femme au bord de la crise de nerfs !

**ANGE** - Installe-toi, Coco me racontait un de ses réveils en plein milieu de la nuit !

**COCO** - Je ne recommence pas !… Donc, cela faisait un peu plus d'un mois que ce jeune homme partageait ma vie et je ne sais pas ce qui m'a pris, je l'ai réveillé un peu brutalement et je lui ai demandé s'il avait l'intention de m'épouser.

**ANGE** - Tu plaisantes ?

**COCO** - C'était aussi sa question. Il a enchaîné avec : "Non, pas là, tout de suite ! À quatre heures du mat', j'épouse personne, je dors !"

ANGE - Tu plaisantes ?

LOULOU - Et alors ?

COCO - Alors, j'ai pris mes affaires et je suis partie.

ANGE - Tu plaisantes ?

COCO - Tu ne peux pas trouver autre chose ? Est-ce que j'ai l'air de plaisanter ?

ANGE - T'es une grande malade !

COCO - Comme ça, tu te sens moins seule ! Et toi, Loulou, pourquoi vous vous êtes séparés, Thomas et toi ?

LOULOU - Rien d'extraordinaire ! Le séducteur-né que j'avais connu devenait un peu trop casanier, et au fil du temps la bête sexuelle, dépravée, perverse, que j'aimais, disparaissait peu à peu. Je voyais venir le moment où il allait se coucher en pyjama, chausser ses lunettes, lire "L'équipe" en se grattant les cacahuètes avant de s'endormir en ronflant comme un goret !

COCO - Pourquoi ? Il ronflait ?

LOULOU - Non, mais ça aurait pu venir !

COCO - Soit on ronfle, soit on ne ronfle pas. C'est pas parce que tu deviens casanier que tu commences à ronfler, mais n'importe quoi !

LOULOU - Pour finir, je lui ai fait une scène de jalousie en pleine réunion de famille, à l'enterrement de son grand-père !

ANGE - À l'enterrement de son grand-père ?

**LOULOU** - Je trouvais qu'il reluquait d'un peu trop près une jolie blondasse, pétasse, avec son sourire "number three" !

**COCO** - Son sourire "number three" ?

**LOULOU** - Ben oui, le trois ! T'as le deux : "Bonjour". *(Timide.)* Le quatre : "Bonjour". *(Très commercial.)* Et t'as le trois : "Bonjour !" *(Sourire séducteur.)*

**ANGE** - Le numéro trois, comme ça ? Devant toi ?!

**LOULOU** - C'était sa petite cousine !

**ANGE** - Sa cousine ? T'étais jalouse de sa cousine ?!

**LOULOU** *(de mauvaise foi)* - Eh bien, figurez-vous que l'inceste entre cousin-cousine, ça existe aussi et c'est d'ailleurs beaucoup plus fréquent qu'on ne le croie !

**ANGE** - Il a le sens de la famille ce garçon, voilà tout !

**COCO** - Et alors ?

**LOULOU** - Il m'a raccompagnée chez moi le soir même et m'a dit qu'il avait besoin de prendre un peu de recul ! Ce à quoi j'ai répondu que moi aussi j'avais besoin de faire un break !

**ANGE ET COCO** - Bien sûr !

**COCO** - Vous ne vous êtes jamais revu ?

**LOULOU** - Non, jamais ! On a dû prendre un peu trop de recul et on s'est perdu de vue !

**ANGE** - Loulou, j'ai rencontré un mec, hier soir, et je lui ai proposé de passer !

**LOULOU** - Encore un nouveau ?

**ANGE** - Après le départ de "El Diablo", je suis allée prendre un verre, puis deux, puis trois... Et je suis tombée sur un truc énorme, je ne me rappelle pas vraiment de la tête qu'il avait mais... Un âne !!

**LOULOU** - Un âne ?

*Moumoune entre.*

**MOUMOUNE** *(à Loulou)* - Loulou tu as invité beaucoup trop de monde, la voisine est au bord de la dépression ! *(À toutes.)* Bon, les filles, j'ai besoin de vous, il faut refaire une tournée de toasts !

**LOULOU** - Je vous rejoins, j'ai oublié de fermer la fenêtre de ma chambre !

*Moumoune, Ange et Coco sortent par la porte du couloir. Loulou va pour sortir par la porte de sa chambre, se ravise et prend le téléphone en se mettant dans la baignoire.*

**LOULOU** - Allô, Thomas ?... T'es pas là ?... C'est moi, la fille sympa, drôle, et pas trop vilaine, enfin Loulou, au cas où tu ne m'aurais pas reconnue. Il est minuit moins quatre et t'es pas là, c'est bizarre... En même temps, agenda surbooké ! Hier soir chez "Castel", ce soir encore dehors... Enfin ça ne me regarde plus. Je voulais te remercier pour tes fleurs. Eh bien voilà, c'est fait. Bon, eh bien je...

*La porte du couloir s'ouvre tout doucement sur Ange, munie de son sac, qui ne peut pas voir Loulou. Elle s'assoit sur les toilettes, ouvre son sac et en sort un test de grossesse.*

ANGE *(se parlant)* - Alors ma grande, on n'a pas le courage, encore une fois on panique…

*Loulou ouvre le rideau. Ange cache le test dans son sac.*

LOULOU - À qui tu parlais ?

ANGE - À personne, je me parlais à moi-même. Et toi, à qui tu téléphonais ?

LOULOU - À personne ! Qu'est-ce que tu caches ?

ANGE - Rien ! De toute façon, je sais pertinemment à qui tu téléphonais !

LOULOU - Toi aussi, t'as un sixième sens ? T'es pourtant pas ma mère !

ANGE - Non, je ne suis pas ta mère mais je sais que tu es assez intelligente pour ne pas laisser filer un mec comme "monsieur-je-sais-tout", enfin Thomas, surtout pas pour un abruti comme l'autre pubère qui t'attend dans la pièce à côté…

LOULOU - Je t'interdis de le traiter d'abruti ! Kevin est encore un peu jeune, il a encore plein de choses à apprendre…

ANGE - Ah ça ! Il est à peine capable de nous parler de son métier. Pourtant, mannequin, on a connu plus compliqué comme job, non ?

LOULOU - Il est Américain, il a des problèmes de langue ! De toute façon, je ne lui demande pas de me réciter le "Larousse" mais de me parler du Kama Sutra et là aucun problème de langue ! Qui tu es pour juger les gens avant même de les connaître ?

**ANGE** - Cette terre pullule de cons et d'imbéciles ! Alors par excès de zèle, de moralité, de puritanisme, d'hypocrisie, je devrais fermer ma gueule ?! Eh bien non, je donne mon avis sur ce qui me plaît, sur ce qui me déplaît, je dis ce que je pense et j'insulte qui je veux !

**LOULOU** - Tout le monde a le droit de vivre !

**ANGE** - Franchement, j'en vois pas la nécessité !

**LOULOU** - Évidemment, vu sous cet angle ! *(Rupture.)* Dis, Ange, pourquoi "les histoires d'amour finissent toujours mal, en général" ?

**ANGE** - Si je le savais, je n'en serais pas là !

**LOULOU** - C'est vrai ça ? Comment peut-on aimer, sans retenue, de façon obsessionnelle, subissant les ravages de la passion, les insomnies, les déclarations enfiévrées, et puis du jour au lendemain on se casse ou l'autre nous jette comme... une merde !

**ANGE** *(pleine d'ironie)* - Pouh, ça sent le vécu !!

**LOULOU** - Très drôle !

**ANGE** - Premièrement, beaucoup d'hommes ne méritent pas qu'on s'attarde. Deuxièmement, on est trop exigeantes ! À force de fantasmer sur l'homme idéal, on s'interdit l'accès aux hommes moyens ! Et pour finir, cette lutte forcenée pour garder notre indépendance nous rend totalement monadiques !

**LOULOU** - Mona… quoi ?

**ANGE** - Monadiques ! Tu devrais lâcher un peu le Kama Sutra et te plonger dans le "Petit Robert" ! Nous sommes tellement centrées sur nous, notre petite personne, que nous sommes incapables d'entrer dans l'univers d'un homme et encore moins de l'accueillir dans le nôtre !!

**LOULOU** - Oui, c'est ça, nous sommes complètement monadiques, j'adore ce mot… Dis-moi, ton "mulet" est arrivé ?

**ANGE** - Pas "mulet", "âne" !! Justement, c'est l'heure du picotin !

*Ange sort avec son sac. Loulou reprend le téléphone. Elle compose un numéro, raccroche rageusement, et compose un autre numéro.*

**LOULOU** - Allô ! C'est encore moi… T'es toujours pas là ? Allô, allô ! Il est plus tard que tout à l'heure ! Ton portable est débranché, tu n'es pas chez toi, je sais que…

*La porte s'ouvre violemment. Marie entre, en pleurs.*

**LOULOU** *(raccroche et jette le téléphone dans la corbeille de linge sale)* - C'est pas possible, on ne peut pas être tranquille cinq minutes dans cette baraque… *(Marie est en pleurs.)* Ça va Marie ? Ça va ? Ça va pas !!

**MARIE** - Charles a une maîtresse !

**LOULOU** - Qui te l'a dit ?

**MARIE** - Tu le savais ? Tu le savais et tu ne m'as rien dit ?!

**LOULOU** - Mais non, Marie, je ne le savais pas vraiment, enfin si, un peu, mais je l'ai appris ce soir ct je ne savais pas comment t'en parler !

Marie - Comment a-t-il pu me faire ça ?

Loulou - Typiquement masculin, dès qu'ils ont un problème, ils prennent une maîtresse et attendent que ça passe, c'est pas plus compliqué que ça !

Marie - T'es de son côté, c'est ça ?

Loulou - Pas du tout, j'essaye de comprendre, d'analyser !

Marie - Il n'y a rien à comprendre ! Il lui fallait de la chair fraîche, c'est tout. On est dans une société beaucoup trop obsédée par les apparences, l'âge, le statut social. Je ne suis qu'une mère de famille à la poitrine tombante, avec un tas de graisse qui suinte de mon corps. Les hommes sont tous des ordures, stupides, prétentieux, arrogants, issus d'une civilisation de salauds !

Loulou - Je te trouve très en forme, ma chérie !

Marie - Je ne suis pas d'humeur à plaisanter ! Je te ferai remarquer que tu as en face de toi une cocue. J'ai toujours détesté ce mot !

Loulou - Je te rassure, tout le monde le déteste !

Marie - Tu dis qu'il est dur de trouver un homme, eh bien moi je peux te dire que garder son mari n'est pas une sinécure. Les femmes se foutent de savoir si les hommes sont mariés ou pères de famille. Même pire, ça les excite ! Il faut sans cesse être sur le qui-vive !

Loulou - Bon, Marie, il faut se calmer, sinon après on dit des choses qu'on regrette !

**MARIE** - Me calmer, me calmer... C'est curieux quand même ! Il y a quelques heures à peine, je ne pouvais plus le voir en peinture et maintenant j'ai l'impression de l'aimer plus fort que jamais. Qu'est-ce que tu ferais à ma place ?

**LOULOU** - J'achèterais un chien !

*Moumoune arrive, visiblement en pleine conversation.*

**MOUMOUNE** - De toute façon, l'amour du monde moderne, n'est que mensonges, il n'y a plus aucune tolérance... Oh, pardon les filles, je vous dérange peut-être ?

**LOULOU** - Pas du tout, Marie ne se sent pas très bien !

**MOUMOUNE** - Ça y est, tu lui as dit ?

**MARIE** - Ma parole, tout le monde est au courant ! *(En hurlant.)* AVIS À LA POPULATION, MARIE EST COCUE !!!

**MOUMOUNE** - Ça ne sert à rien de s'énerver, ça fait monter le taux d'adrénaline et ça fatigue tout le monde. Charles a eu besoin de souffler un peu. En même temps, il faut le comprendre, tu n'es pas facile tous les jours, Marie !

*Marie s'effondre.*

**LOULOU** *(prenant sa mère par le bras et l'éloignant de Marie)* - Tu as toujours eu cette présence d'esprit et ce tact incroyable pour trouver les mots qu'il faut au bon moment ! Merci maman ! Bon, je vais nous chercher un peu de champagne, rien de tel pour décompresser !

**MOUMOUNE** - Loulou, tu as appelé Thomas ? *(Loulou sort de la salle de bain par la porte du couloir.)* Merci ma fille, merci, toujours très douée pour esquiver les emmerdes ! Et moi, qu'est-ce qui m'a pris de vouloir aller aux toilettes ? J'avais même pas envie ! J'étais pas bien à discuter avec ce bellâtre ? Eh bien non, il a fallu que je rapplique et maintenant j'en ai pour deux heures !! Je l'aime bien Marie, mais bon !

**MARIE** - Moumoune ? T'as de l'expérience, toi, qu'est-ce que tu ferais, toi ?

**MOUMOUNE** - C'est très délicat comme situation, Marie. Mais tant qu'il y a de l'amour, tout est possible. Tu sais, pardonner est une des plus belles preuves d'amour et une grande preuve d'intelligence ! *(Marie va pour sortir.)* Tu t'en vas ?

**MARIE** - Je retourne voir Coco pour qu'elle me répète tout du début ! *(Elle sort.)*

**MOUMOUNE** *(prenant un cadre sur l'étagère)* - Si seulement tu étais encore là… Comment aurions-nous vieilli ensemble ? On s'aimait tellement. Des fois, c'est horrible, je sais, mais je me dis que c'est peut-être mieux ainsi. Nous n'avons pas eu le temps de connaître la dégradation des ans qui passe sur les amoureux. Nous avons eu cet enfant, fruit d'un amour absolu et entier, grâce à qui j'ai trouvé la force de me battre, de continuer sans toi, sans ta voix, tes bras, tes mots, tout ce qui m'a fait t'aimer plus fort que tout…

> *La porte du couloir s'ouvre à nouveau sur Loulou qui arrive avec un bocal de cornichons.*

**LOULOU** - Qu'est-ce que tu fais là?

**MOUMOUNE** - Je parle toute seule, ma fille ! Ce doit être l'âge !

**Loulou** *(lui prenant le cadre des mains)* - Tu penses souvent à papa ?

**Moumoune** - Il n'y a pas un jour où je ne pense pas à lui !

**Loulou** - Pourquoi tu n'as jamais refait ta vie ?

**Moumoune** - Parce qu'il y a trente ans jour pour jour, je venais de donner la vie au plus beau bébé du monde, que j'étais la femme la plus heureuse de l'univers, ton papa était fier comme "Artaban" et c'était l'homme de ma vie ! Tu verras quand tu seras mariée !

**Loulou** - Maman, on ne va pas recommencer. Je te rappelle que soixante pour cent des femmes mariées admettent que si c'était à refaire, elles ne se remarie-raient pas !

**Moumoune** - On n'est jamais contente de ce qu'on a ! Les mariées aimeraient vivre seules, les célibataires aimeraient se marier, les sans poitrine rêvent de seins à la Pamela, les grosses poitrines veulent des seins à la Birkin, les blondes voudraient être brunes, les frisées avoir les cheveux raides !

**Loulou** - Comme quoi je ne suis pas la seule insa-tisfaite sur cette terre !!

**Moumoune** - Est-ce que tu as appelé Thomas pour le remercier de ce superbe bouquet ?

**Loulou** - Vous vous êtes toutes liguées contre moi ce soir, c'est ça ? Non, je l'appellerai demain si j'ai le temps !

MOUMOUNE - Pourquoi remettre au lendemain ce qu'on peut faire le jour même ?!

*Coco arrive avec son sac à main.*

COCO - Qu'est-ce que j'ai fait au Bon Dieu ? Pourquoi j'étais là ce jour-là ? Je suis toujours là au mauvais moment ! *(Elle s'aperçoit de la présence des deux autres.)* Oh, pardon !

LOULOU *(en voix off)* - Décidément, c'est un fléau, tout le monde parle tout seul. C'est la nouvelle maladie du XXI$^e$ siècle, résultat de l'enfermement des êtres humains sur eux-mêmes. L'abus du nombrilisme, le "je-m'en-foutisme" poussé à l'extrême, donnent lieu à une nouvelle génération de dégénérés et de monadiques !!!

COCO - Je vais devenir folle ! Marie me harcèle, ça fait au moins cinq fois que je lui répète la même histoire, et si par malheur un détail m'échappe, elle m'accuse de déformer la réalité ! C'est quand même pas la fin du monde ! Toutes les secondes, dans le monde entier, il y a des milliers de cocus, elle n'a rien de très original !

MOUMOUNE - Vous avez toujours du mal avec la compassion pour les autres ! Un jour ça vous jouera des tours, jeune femme !

COCO - Oui, je sais, mais on a tous nos problèmes, et à cause de Marie, Julien est parti, avant même que nous puissions profiter un peu, pour retrouver sa légitime. Je dois dire que ça aussi ça commence à me taper sur le système !

**MOUMOUNE** - On s'y perd avec tous vos étalons, vous n'avez pas un journal de bord ? *(Elle sort.)*

**LOULOU** - Elle est drôle, hein ? C'est ma maman !

*On entend une sonnerie de téléphone. Loulou se précipite sur le téléphone, Coco prend son portable dans sa poche.*

**LOULOU ET COCO** - Allô !

*C'était le portable de Coco. Loulou raccroche rageusement. Elle prend le bocal de cornichons et en mange un, en regardant Coco d'un air méprisable.*

**COCO** - Allô !… Ouais, comment ça va ?… Excuse-moi mais je ne peux pas vraiment te parler… Je suis en pleine réunion… Eh oui, il n'y a pas d'heure… C'est ça, je te rappelle demain… Oui, j'ai toujours ton numéro… Ciao ! *(Elle raccroche.)* Mais quel boulet !

**LOULOU** - Là, t'es tranquille, t'es sure qu'il ne rappellera pas ! Une réunion de travail en plein milieu de la nuit pour une artiste peintre, c'est suspect !

**COCO** - Pourquoi ce sont toujours les hommes dont je me fous royalement qui me courent après ? Pourquoi ce sont toujours ces hommes que je trouve horriblement laids, incultes, qui rêvent de me choyer, de me traiter avec amour, de me vénérer et même de m'épouser ? Et pourquoi ceux qui me font totalement craquer me traitent-ils comme de la merde ?

**LOULOU** - Tu veux un cornichon ? Ça va te détendre !

**COCO** - Il n'y a que toi que ça détend, Loulou.

**LOULOU** - Tu ne vas pas nous faire une déprime ?!

**COCO** - Et pourquoi je n'y aurais pas droit, moi, à la déprime ? Je suis toujours là pour remonter le moral des troupes, mais moi, qui s'occupe de mes problèmes, de mes soucis ? Pas la peine de me regarder comme ça ! Oui, oui, moi aussi j'ai une vie et elle n'est pas très drôle en ce moment, si ça intéresse quelqu'un.

**LOULOU** - Vas-y, ça m'intéresse, je t'écoute. "C'est mon choix !"

**COCO** - C'est un état général. Je n'arrive pas à peindre, pas d'inspiration, j'ai une expo dans trois semaines, je n'ai que six tableaux sur douze ! Ma mère m'emmerde, je ne parle plus à mon père !! Tu ne sais pas ce que m'a dit ma mère ?

**LOULOU** - Non, Coco, je ne sais pas !

**COCO** - Texto : "Franchement, avoir des enfants n'est pas une panacée. Surtout ne te vexe pas ma fille, je ne dis pas ça pour toi, mais si on me redonnait le choix, je ne suis pas convaincue que je ferais la même chose !" Ma propre mère regrette de m'avoir mise au monde !

**LOULOU** - Mais non, tu connais ta mère, elle est un peu excessive ! De toute façon, le plus important, là maintenant, c'est ton manque d'inspiration et tu sais très bien à quoi il est dû !

**COCO** - Ah oui ? Et il est dû à quoi ?

**LOULOU** - T'as besoin d'être amoureuse pour peindre. Tu as l'amour créatif ! Tu n'es pas heureuse avec ce type.

**Coco** - Oui, je sais, j'ai vu une voyante qui m'a conseillé de le quitter !

**Loulou** - Pour la voyante j'en suis pas sûre, mais je pense que c'est une sage décision ! Et tu devrais rester un peu seule, ça te ferait le plus grand bien !

**Coco** - Comme ça je deviendrai une vieille fille ! Un peu comme toi !

**Loulou** - Je te remercie, ça fait toujours plaisir ! La plus grande injustice de la condition féminine, c'est la date de péremption qui nous guette, les hommes n'ont pas ce problème, eux !

**Coco** - Désolée, mais je n'entends pas encore le tic-tac de mon horloge biologique et je pense, sans vouloir te vexer, que j'ai bien le temps d'y penser !

**Loulou** - Évidement, t'as vingt ans. Tu verras quand t'en auras trente ! Et puis, nous serions parfaitement à l'aise dans nos vies s'il n'y avait pas toujours les mêmes questions : "Alors Loulou, toujours pas de fiancé ? Pas de mariage en vue ? Tu sais, il va falloir y penser sérieu-sement, plus on avance dans l'âge, plus c'est dur !" Et bla et bla ! Comme si moi je leur demandais si tout allait bien dans leur mariage, s'ils baisaient encore ensemble ou s'ils avaient opté pour la vie extraconjugale !

*Ange entre, toujours avec son sac à main.*

**Coco** - T'as peur qu'on te vole ton sac ou quoi ? Tu l'as pas lâché de la soirée !

**Loulou** *(retournant Ange)* - Alors, tu lui as parlé ? Qu'est-ce qu'elle t'a dit ?

**ANGE** - Parler à qui ?

**LOULOU** - Comment ça à qui ? T'es conne ou quoi ? À Pénélope !

**ANGE** - Ah ! Pénélope "la salope" ! Elle m'a dit que si tu avais des questions à lui poser, elle y répondrait avec plaisir !

*Moumoune fait irruption. Elle se dirige vers le petit meuble sous le lavabo tout en parlant.*

**MOUMOUNE** - Youssoun s'est blessé en voulant sabrer une bouteille de champagne, rien de grave mais ça saigne beaucoup... Son grand-père était un grand guerrier Massaï, vous verriez comment il manie le sabre... Bon, ce soir il a un poil merdouillé, comme quoi c'est pas forcément génétique...

**LOULOU** - Quel âne celui-là !

**ANGE** - Oui mais c'est le mien !

**LOULOU** - T'as besoin d'aide, maman ?

**MOUMOUNE** - J'ai mon brevet de secouriste, je gère. Mais je te rappelle que nous fêtons tes trente ans ce soir et que... *(Elle sort avec la trousse à pharmacie.)*

**LOULOU** - J'ai comme un doute ! Vous êtes sûres que l'on fête mes trente ans ?

*On entend un bruit de verre, suivi d'un cri plutôt effrayant.*

**LOULOU** - Aïe aïe aïe ! Je reviens ! *(Elle sort.)*

**ANGE** *(montre une revue et on peut découvrir des couples de célébrités, tous plus beaux les uns que les autres)* - Et eux, là, regarde-moi-les, ils ne font pas tout pour nous énerver ? M. et Mme Pitt, M. et Mme Will Smith, les Beckham ! Étaler leur bonheur aux yeux du monde entier, ils sont beaux, ils sont riches, ils sont célèbres, et en plus ils s'aiment, non, mais franchement, dans quel monde sommes-nous ?

**COCO** - Tu devrais arrêter de te faire du mal !

*Loulou revient.*

**LOULOU** - Vous ne devinerez jamais qui vient de débarquer et qui vient de casser une pile de verres en voyant cette personne arriver ! Il y a vingt euros à gagner et aucun indice !

**COCO** - C'est un homme ?

**ANGE** - On a dit pas d'indice ! Des fois je me demande si t'es bien finie, toi !!

**COCO** - Ange, tu commences à me faire chier !

**ANGE** - Elle a du vocabulaire, la petite !

**LOULOU** - Vous avez fini toutes les deux ? Vous avez deux minutes ! Top, c'est parti !

**ANGE** - "Monsieur-je-sais-tout" a fait son apparition. Pénélope "la salope" n'a pu résister, elle a déchiré son chemisier, se lançant dans un strip-tease endiablé, avant d'enjamber le sofa en faisant tomber les trois coupes de champagne qu'elle tenait.

**LOULOU** - Perdu !

**Coco** - "Monsieur-je-sais-tout" vexé de ne pas avoir été invité, a débarqué ici. Il a tout d'abord filé une grosse droite à Stéphane "le suicidaire", ensuite il s'est rué sur Kevin, lui arrachant deux dents : "Mes dents ! Mes dents !" Et ta mère, d'une maladresse légendaire, tellement heureuse de voir son gendre idéal venir sauver sa fille des mains d'un abruti notoire…

**Loulou** - Vous allez me lâcher deux secondes avec Thomas, ça devient très lourd ! M. Charles "l'infidèle" en personne vient de franchir le seuil de cette maison avec un énorme bouquet de fleurs. Marie, le voyant, a faillit nous faire une syncope, elle a lâché les verres qu'elle voulait ramener dans la cuisine, malgré son état d'ivresse avancé !

**Coco** - Un bouquet de fleurs pour se faire pardonner ? Mais quel goujat !

**Loulou** - Non, les fleurs étaient pour moi !

**Ange** - J'espère qu'elle lui a mis son poing dans la gueule ?!

**Loulou** - Tout de suite les grands moyens ! Elle n'a pas eu le temps de faire quoi que ce soit, que Charles l'a prise par le bras et l'a emmenée dans la chambre d'amis ! Merde, j'ai pas changé les draps !

**Coco** - Ça, c'est fait ! Et toi, du côté de Pénélope "la salope" ?

**Loulou** - J'ose pas y aller, je me trouve ridicule !

**Coco** - T'as pas vraiment tort ! Pourquoi t'y vas pas franco ?

**LOULOU** - Parce que s'ils sortent ensemble, je peux la buter devant tout le monde !

**ANGE -** Yes ! Un peu d'animation !

**LOULOU** - Je ne peux pas faire ça ! Pas le soir de mon anniversaire ! Pas chez moi ! Pas devant ma mère ! Pas…

*Moumoune ramène la trousse à pharmacie.*

**MOUMOUNE** - Loulou, tu exagères, il y a de plus en plus de monde à côté ! Entre les étalons, les juments et autres culottes de cheval, c'est plus un salon, mais l'hippodrome d'Auteuil… Quand je pense que tu n'as même pas… *(Elle ressort.)*

**LOULOU** - … Invité Thomas, oui, je sais. *(Un temps.)* Imaginez que Thomas et Pénélope se marient, qu'ils nous invitent à leur mariage. Elle en robe blanche en train de parader, de me toiser, avec ce brin d'arrogance dans le regard, ayant l'air de dire : "Eh oui, ma grande, il fallait se réveiller plus tôt, maintenant il est à moi, à moi pour la vie, et je vais lui coller trois mouflets dans la foulée !"

**COCO** - Heureusement que t'es plus amoureuse, sinon qu'est-ce que ce serait !!

**LOULOU** - Oh, toi, on ne t'a rien demandé !

**COCO** - En parlant de mariage... *(Un temps.)*... il m'arrive une drôle d'histoire !

**ANGE** - Quoi ? On va te passer la corde au cou ?

**COCO** - Mais non !

**ANGE** - La bague au doigt ?

**Coco** - Mais non !

*Durant tout le monologue de Coco, Loulou prendra le téléphone, fera plusieurs manipulations, tout en écoutant le récit de cette dernière et, soudain, elle raccrochera, comme si elle avait été prise en flagrant délit. Ange ne ratera rien de son manège.*

**Coco** - J'étais au "Nirvana", seule au bar, en train de prendre un verre quand un mec est venu m'accoster en disant : "Montrez-moi une femme intelligente et je vous dirai : voilà enfin une femme sexy". Je l'ai regardé, surprise, je ne savais pas s'il me prenait pour une idiote ou s'il me trouvait sexy.

**Ange** *(à Loulou)* - Qui c'était ?

**Coco** - J'ai pas fini !

**Loulou** - Personne, j'écoutais mes messages !

**Ange** - Tu mens très mal, Loulou.

**Loulou** *(sur le même ton)* - On a au moins ça en commun, Ange !

**Coco** - Je peux finir mon histoire ?

**Ange** - Vas-y ma grande !

**Coco** - Je restais donc incrédule et le regardais d'un air toujours aussi perplexe. On a pris un verre ensemble, ça m'a fait du bien de rencontrer enfin un type célibataire, cultivé, drôle, normal quoi !

*C'est à ce moment précis que le téléphone sonne, Loulou reste prostrée.*

**LOULOU** - Ne bougez pas !

*Coco et Ange se regardent, incrédules. Coco va pour parler.*

**LOULOU** - Chut !

**ANGE** *(parlant tout doucement)* - Qui que ce soit, il ne peut pas entendre si tu ne décroches pas !

**LOULOU** - Chut, on ne sait jamais ! *(La sonnerie cesse.)* C'est bon, vous pouvez y aller !

**COCO** - C'était qui ?

**LOULOU** - Je ne sais pas !

**ANGE** - Quelle menteuse ! C'est la même personne à qui tu viens de raccrocher au nez !

**LOULOU** *(à Coco)* - Et alors ? Comment ça s'est fini ton histoire ?

*Coco regarde les deux femmes, mais Loulou lui fait signe de continuer.*

**COCO** - Nous avons passé la soirée à discuter, à rire. Il m'a ramenée chez moi et je ne sais pas si c'est l'effet de l'alcool, mais dès que ses lèvres pulpeuses et sensuelles ont frôlé les miennes, je ne répondais plus de rien ! Nous avons baisé comme des bêtes jusqu'à l'aube !

**LOULOU** - Pourquoi il n'est pas venu avec toi ce soir ?

**COCO** - Justement. Quand je me suis réveillée, j'ai été très surprise de voir sa tête ! Ce garçon n'avait rien du prince charmant !

**LOULOU** - Et tu n'avais rien remarqué la veille ?

**COCO** - Si ! Mais la veille on aurait dit le prince charmant !

**LOULOU** - Je vous l'ai déjà dit les filles, il faut absolument qu'on arrête de boire ! Eh oui, une petite sauterie et le prince charmant redevient vite crapaud !

**ANGE** - Mais ton crapaud, il était laid ou alors euh... vraiment laid ?!

**COCO** - Pas vraiment laid !… Une tête bizarre ! J'ai quand même attendu son coup de fil pendant deux jours, prostrée devant ma télé, à me nourrir de Nutella et à sursauter à chaque sonnerie ! Après la béatitude, l'espoir et les illusions, cette putain d'angoisse m'est revenue.

**ANGE** - Tous les mêmes ! Il n'y en a pas un pour sauver l'autre !

**LOULOU** - Il est très très bien ce garçon, ça te fais pas de mal d'attendre un peu !

**COCO** - Deux jours plus tard, il était 19 h 37, lorsque le téléphone a sonné. J'ai tout de suite reconnu sa voix feutrée, un peu rauque, comme je les aime ! Il ne s'est même pas excusé d'avoir mis autant de temps avant de me rappeler et je crois que ça m'a beaucoup plu. Il m'a invitée à dîner. J'ai passé une soirée de la mort !

**ANGE** - Attends, je ne comprends rien ! Pourquoi ce n'est pas lui qui est venu ce soir, au lieu de ton mec marié ?

**Coco** - Tout d'abord parce qu'on ne change pas ses habitudes comme ça ! Et qu'ensuite, je l'ai prévenu que j'avais une vie sentimentale très chargée, ce à quoi il m'a répondu : "Mais mon amour, je ne te demande rien !"

**Loulou** *(énervée)* - Non !

**Coco** - "Fais ce que tu as à faire, mon amour !"

**Loulou** *(de plus en plus énervée)* - Mais non !

**Coco** - "Tu es libre, mon amour !" *(Elle s'assoit sur le rebord de la baignoire.)*

**Loulou** - Ça ne te dérange pas d'avoir le cul bordé de nouilles pour t'asseoir ?

**Ange** *(en voix off)* - Pourquoi les hommes bien vont-ils toujours chez les autres ? Elle a encore le cul bordé de nouilles celle-là, un mec comme ça, il n'y en avait qu'un ! Bon il n'est pas beau, mais il n'y en avait qu'un, il a fallu qu'elle se le trouve et qu'elle se le prenne !

*Moumoune arrive par la porte du couloir.*

**Moumoune** - Louise, mon enfant, ça ne peut plus durer !

**Loulou** - Ça me fait bizarre quand tu m'appelles Louise !

**Moumoune** - Ne change pas de sujet ! Ce capharnaüm est ingérable, je suis ta mère, pas chef de rang au Campanille ! Ça devient un vrai bordel là-bas ! Un joyeux bordel, mais un bordel quand même !

**Loulou** - Je suis toute à toi, ma petite mère !

**COCO -** Je viens avec vous !

*Moumoune, Loulou et Coco sortent. Ange reprend son test de grossesse dans son sac.*

**ANGE -** Voilà, maintenant il faut se décider... *(Elle regarde son test, on sent l'angoisse monter.)* Ma pauvre fille, comment peut-on se retrouver dans ce genre de situation à trente ans ? Si je suis enceinte, qu'est-ce que je vais devenir ? Finis les flirts à droite à gauche, plus de sexe, plus d'alcool, plus de clopes, le bagne le plus total ! Je vais devenir une vache à lait, les gens se moqueront de cette excroissance qui me fera marcher en canard, je ne verrai même plus mes pieds ! Et ma mère qui va me casser les oreilles !

*Ange se décide enfin à ouvrir le test, elle reste muette de stupeur.*

**ANGE -** Non, c'est pas possible, pas ça ! *(Elle secoue le test comme si c'était un thermomètre.)* Pas maintenant, j'ai encore plein de choses à vivre, moi… *(Elle commence à fouiller dans son sac et le vide par terre.)* Où j'ai mis cette putain de notice, je ne l'ai quand même pas jetée, c'est pas vrai… *(Elle est prise de frénésie. Marie entre.)* C'est pas possible d'être aussi conne, j'ai…

**MARIE -** Qu'est-ce que tu fais, là ?

**ANGE -** Rien, rien !

**MARIE -** Ange, t'es toute rouge !

**ANGE -** C'est horrible…

MARIE - Mais, non t'es toute rouge, c'est tout !

ANGE - Marie, je suis enceinte !

MARIE - En voilà une bonne nouvelle ! Et de qui ?

ANGE - Ce n'est pas du tout une bonne nouvelle ! Je ne suis plus avec le père, ce tocard d'hispanique, je dois partir en Inde pour le boulot, ma mère va me faire la guerre. Et puis je ne suis pas prête, je ne veux pas d'enfant, là, tout de suite, c'est trop tôt ou trop tard, j'en sais rien mais ce n'est pas le moment.

MARIE - Tu es enceinte de combien ?

ANGE - J'en sais rien, je viens de l'apprendre. *(Elle lui tend le test.)* Je commence à avoir des nausées. Je vais sûrement faire un légume avec tout ce que j'ai pu boire ces derniers temps. Tu t'imagines, mère isolée d'un enfant anormalement constitué, fâchée à vie avec sa mère, il n'y a pas de crèche dans mon quartier, la totale quoi !

MARIE - Tu as tout le temps de t'inscrire dans un planning familial ! Le test est négatif !

ANGE - Qu'est-ce que tu racontes ? C'est quoi cette ligne bleue, hein, c'est quoi ?

MARIE - Cette ligne bleue assure que le test fonctionne bien, ni plus ni moins. Si tu étais enceinte il y aurait un autre trait dans cette case-là. Je n'arrive pas à croire qu'une fille aussi intelligente que toi ne sache pas lire un test de grossesse.

ANGE - Quel rapport avec l'intelligence de savoir lire ou pas un test ? Tu peux m'expliquer ?

**MARIE** - Ange, tu devrais être soulagée. Tu n'es ni enceinte, ni mariée, ni cocue ! La vie est belle, tu es seule et tu vas rester seule, pas d'homme, pas d'enfant, la vie rêvée, quoi !

**ANGE** - Je me serais bien vue en maman, je n'aurais plus jamais été seule. Les gens auraient été pleins de bonnes attentions pour moi !… Je suis sûre que je ferai une excellente mère.

*Loulou revient.*

**LOULOU** - Bon, les filles, il faut trouver une solution pour que Pénélope disparaisse de ma vue sinon je ne réponds plus de rien !

**MARIE** - Elle s'est envoyé "monsieur-je-sais-tout" !

**LOULOU** - J'en sais rien ! Mais si elle reste une minute de plus, je la défenestre !

**ANGE** - Aux grands maux, les grands remèdes ! Marie, t'as son numéro de portable ?

**MARIE** - Heu… oui, 06 14 14 11 11.

*Loulou, étonnée, la dévisage. Marie est un peu gênée.*

**LOULOU** - Tu connais tous les numéros de tes patientes par cœur, toi ?

**MARIE** - Ben quoi, il est facile à retenir !

**LOULOU** - 06 14 14 11 11 !! Elle s'est envoyé le mec de SFR pour avoir un numéro pareil !!

**ANGE** - C'est quoi son adresse ?

**MARIE** *(hésitante face à Loulou)* - Heu… 17, boulevard Malesherbes dans le 17e arrondissement.

**LOULOU** - Ben voyons, l'adresse maintenant ! Tu vas me dire qu'elle est facile à retenir !

**MARIE** - Ben le 17 ! 17e ! C'est facile !

**LOULOU** - Bien sûr, bien sûr !

**ANGE** *(compose un numéro de téléphone)* - Vous allez vous taire ? Chut… Allô !… Mademoiselle Marchand Pénélope, domiciliée au 17, boulevard Malesherbes, dans le 17e ?… Ici le commissariat du 17e… Non, rien de bien grave… Il y a eu un début d'incendie dans votre immeuble et nous aurions besoin de vous le plus rapidement possible pour un constat… C'est ça, nous vous attendons ! *(Ange raccroche, les trois filles éclatent de rire.)*

**LOULOU** - Bonne chose de faite ! Ange, tu prends ton sac, tu ranges ton portable, tu poses ton verre. *(Elle observe Ange.)* Tu poses ton sac. Tu n'es pas armée ?

**ANGE** - Non !

**LOULOU** - Peter vient d'arriver !

**ANGE** - Peter, mon Peter ? *(Elle sort précipitamment.)*

**LOULOU** - Marie, Charles vient de quitter les lieux, c'est normal ?

**MARIE** - Je lui ai dit qu'à partir d'aujourd'hui, je ferai ce que je voudrai. Il est tranquille, il sait que ça ne durera pas, mais au moins j'ai l'impression d'exister. En tout cas, je suis à nouveau folle de lui et nous allons nous remarier !

**LOULOU** - Génial !! Tu peux me rendre un service ?

**MARIE** - Si c'est pas trop compliqué. Je commence à avoir des bulles dans le cerveau !

**LOULOU** - Tu prends le téléphone, tu appuies sur la touche "bis", si on décroche, tu es Pénélope, t'attends la réaction et tu raccroches.

**MARIE** - Ça devient obsessionnel, cette histoire ! Tu ne crois pas…

**LOULOU** - Je ne te demande pas ton avis, je te demande de me rendre un service le soir de mes trente ans, pour le cadeau que tu ne m'as pas fait !

**MARIE** - Il est où ce téléphone ?

**LOULOU** - Là, là ! Bis, Pénélope, t'attends, tu raccroches ! Bis, Pénélope, t'attends, tu raccroches…

**MARIE** *(au téléphone)* - Allô… C'est moi… Pénélope…

**LOULOU** - Et maintenant, tu raccroches.

**MARIE** - Oui, Pénélope…

**LOULOU** *(perdant patience)* - Tu raccroches !

**MARIE** *(changement radicalement de ton)* - Ne fais pas l'innocent, de toute façon tu es comme les autres, une espèce d'enflure, une espèce d'ordure…

*Loulou lui arrache le téléphone et raccroche.*

**LOULOU** - T'es complètement tordue ma pauvre fille !

**MARIE** - Je suis désolée, je n'ai pas pu m'empêcher. *(Commençant à pleurer.)* De toute façon je ne suis bonne à rien, je rate tout ce que je fais, je fais partie des cocufiés, ma vie ne…

*Le téléphone sonne à nouveau.*

**LOULOU** - Ne bouge plus !

*La porte de salle de bain s'ouvre sur Moumoune qui va pour parler.*

**MOUMOUNE** - …

**LOULOU** *(à Moumoune)* - Ne bouge pas !

*Moumoune reste figée.*

**MARIE** *(parle tout bas)* - Mais qu'est-ce qui te prend ?, Vas-y, réponds, c'est lui…

**MOUMOUNE** *(tout doucement)* - Ma chérie, il me semble que le téléphone sonne.

**LOULOU** - Chut ! Ne dites rien ! *(Au bout de plusieurs sonneries, le téléphone se tait. Elle reprend sa respiration.)* Maman, qu'est-ce que tu disais ?

**MOUMOUNE** - Je reviendrai plus tard ! *(Moumoune ressort.)*

**MARIE** - Je ne te comprends plus du tout, Loulou !

**LOULOU** - Je ne me comprends pas moi-même, alors comment veux-tu me comprendre ? De toute façon, personne ne me comprend, même l'autre abruti de Kévin, il est allé s'imaginer que j'étais branchée par un truc à trois avec Coco, il me l'a même proposé ! *(Elle s'assoit sur le rebord de la baignoire.)*

**MARIE** *(qui éclate de rire, elle vient se mettre à califourchon sur Loulou)* - C'est énorme ! Le cliché du fantasme des mecs, le plan à trois avec la bonne copine ! Follement original !

*Coco rentre.*

**COCO** - Je dérange, peut-être ?

**LOULOU** - Pas encore !

**COCO** - Tu peux développer ? Pourquoi tu me regardes comme ça ?

**MARIE** *(se lève)* - Elle est en train de se demander si elle a envie de passer la nuit avec toi.

**LOULOU** - Marie, je suis sûre que tu as quelque chose à faire ! *(Marie sort. Elle prend un cornichon et mord dedans.)* Coco, est-ce qu'un jour un de tes mecs t'a proposé de coucher avec toi… *(Un temps.)*… et une de tes amies ?

**COCO** - Si un jour on m'avait fait ce genre de proposition tu le saurais, étant donné que tu es la seule amie avec qui un de mes mecs aurait, éventuellement, envie de faire ce genre d'expérience.

**LOULOU** - C'est trop gentil ! Alors imagine-toi que l'on te fait ce genre de plan, quelle serait ta réaction ?

**COCO** - J'en sais rien, moi. Tout d'abord, j'essayerais de savoir pourquoi il a ce genre de délire.

**LOULOU** *(prend un autre cornichon)* - C'est-à-dire ?

**COCO** - J'aimerais savoir si c'est l'idée d'en avoir toujours plus ! Deux paires de seins au lieu d'une, deux paires de fesses au lieu d'une, quatre mains au lieu de deux ! Si c'est par voyeurisme ou alors s'il a tout simplement envie de se taper ma copine !

**Loulou** - Conclusion, tu ferais quoi ?

**Coco** - Je suis trop possessive…

**Loulou** - Comment peut-on être possessive en n'étant qu'avec des hommes mariés ?

**Coco** - Je suis désolée, au lit je n'ai pas envie de partager mon mec avec une autre, même avec toi ! Je n'ai pas envie de le voir embrasser une autre femme, de le voir la caresser… Mais c'est dégeulasse !

**Loulou** - Merci ! *(Elle sort.)*

**Coco** - Elles sont bizarres ces bonnes femmes avec leurs questions ! Comme si j'avais une tête à aimer faire des partouzes, non mais franchement !

*Ange arrive.*

**Ange** - Coco, tu ne me croiras jamais !

**Coco** - Plus rien ne peut m'étonner ni même me surprendre, ce soir !

**Ange** - Ah, toi aussi tu trouves que cette soirée est pleine d'ondes négatives, étranges ? C'est peut-être le réchauffement de la planète qui influence nos réactions. Ce phénomène est en train de nous brûler les neurones ! C'est flabelliforme !

**Coco** - Personnellement, je pencherais plutôt sur l'abus d'alcool en tout genre pour ce qui est des neurones !

Quant aux ondes négatives, excuse-moi mais j'ai du mal à faire le rapprochement avec la couche d'ozone !!

**ANGE** - Où va le monde ? Quand tu penses qu'une majorité d'individus préfère aller manger dans un "Mac Donald's", dans l'antre même du capitalisme ! Qu'il n'y a plus aucune tolérance, que les Américains n'ont rien trouvé de mieux que de voter pour un abruti assoiffé de pouvoir partisan de la peine de mort et contre l'avortement, qu'en France l'extrême-droite…

**COCO** - Qu'est-ce qui t'arrive, encore ?!

**ANGE** - Peter vient d'arriver, il est là dans la pièce à côté !

**COCO** - Peter ?! Le Peter ?! L'Américain ?! Celui de Chicago ? Peter ? Le vrai ? Celui que Loulou t'a présenté ?

**ANGE** - Non, Peter Pan, il arrive tout droit de Marne-la-Vallée en RER !… Evidemment Peter de Chicago !

**COCO** - Peter ? Celui qui a tout plaqué : famille, maison, amis, boulot, pour venir s'installer ici, en France, chez toi, après que tu l'aies supplié pendant des semaines ? *(Une pause.)* Et que tu as réexpédié dans son pays natal, du jour au lendemain !

**ANGE** - J'étais pas prête !!

**COCO** - Et qu'est-ce qui te met dans cet état ?

**ANGE** - Il va se marier avec une femme et elle est là, dans la pièce à côté !

**COCO** - C'est génial !

ANGE - Mais non Coco, ce n'est pas génial du tout, je suis prête moi, maintenant. C'est avec moi qu'il doit se marier, il est sur le point de faire la plus grosse connerie de sa vie !

COCO - Ange, t'es pas bien ! Ça fait deux ans que votre histoire est finie !

ANGE - Et alors, c'est quand même incroyable, ça, on peut pas prendre son temps, hein ? On ne peut pas prendre le temps de réfléchir, c'est important la réflexion ! Je te le dis, moi, le monde va mal, très mal !

COCO - Si on allait faire le plein de champagne, pour oublier tous ces malheurs ?

ANGE - Tu t'en fous, en fait !

COCO - Je suis trop jeune ! Allez, viens avec moi…

*Coco et Ange se dirigent vers la porte de la salle de bain. Au moment où elles vont ouvrir la porte, Loulou arrive.*

LOULOU - Vous êtes encore là ? Je peux vous sous-louer si vous voulez !

ANGE - Pourquoi t'as invité Peter ?

LOULOU - Premièrement, je ne l'ai pas invité, il s'est invité tout seul. Deuxièmement, je te rappelle que c'est un de mes meilleurs potes avant d'être ton ex !

ANGE - Je te remercie !

*Les deux filles sortent. Loulou prend le téléphone, profitant d'un petit moment de calme. Moumoune fait son apparition, Loulou raccroche précipitamment.*

**MOUMOUNE** - Dis-moi ma chérie, il y a longtemps que tu connais ce Marc ? Il est très bel homme !! De la conversation, du vocabulaire, divorcé, sans enfants, une maison en Corse…

**LOULOU** - Maman, il a quarante ans, soit vingt ans de moins que toi !

**MOUMOUNE** - Et alors ? Je me sens très très jeune tout d'un coup !

> *Moumoune repart toute gaie. Loulou prend le pouf, s'assoit de façon à bloquer la porte. Elle prend le téléphone et compose un numéro.*

**LOULOU** - Allô, Thomas ?… C'est Loulou… Allô, c'est moi, décroche, je sais que tu es là… *(En hurlant.)* Allô, allô !… DÉCROCHE, JE TE DIS !… *(Changeant de ton.)* Oui, c'est moi… Oui, en début de soirée pour te remercier pour les fleurs… Comment ça quelles fleurs ?… Tu le fais exprès ?…

> *On essaye d'ouvrir la porte.*

**LOULOU** *(en hurlant)* - C'est occupé, deux secondes ! *(Reprenant une voix suave.)* J'ai reçu un bouquet de lys blancs, avec un mot signé Thomas… Non, je ne connais qu'un Thomas…

> *On essaye à nouveau d'entrer. On reconnaît la voix de Marie.*

**MARIE** - Ça presse, ça presse !

**LOULOU** *(en hurlant)* - DEUX SECONDES, MERDE ! *(Reprenant sa conversation.)* J'en étais où… Oui, je pensais

que nous pourrions peut-être essayer de nous revoir…
*(Réalisant soudainement.)* Tu n'as même pas pensé à mon anniversaire…


*Loulou raccroche, dégage la porte. Elle ouvre, Marie entre.*

**LOULOU** - Voilà, voilà, pas la peine de s'énerver !

**MARIE** - Pourquoi tu t'enfermes comme ça ?

**LOULOU** - Je peux faire pipi tranquillement ? Dans mes toilettes ! Dans ma salle de bain ! Dans ma maison ! Le soir de mes trente ans !

**MARIE** - J'ai beaucoup bu, je crois que je vais être malade, j'ai tiré sur un joint, maintenant j'ai l'impression que la terre coule sous mes pieds. Je crois qu'en plus de tout ça je suis prise d'un délire paranoïaque que mon mari me trompe.

**LOULOU** - Marie, il ne faut pas se mettre dans des états pareils pour un homme ! Ce sont tous des gros lourds, nombrilistes, lâches et faux-culs !

**MARIE** - Toi aussi, t'es cocue ?

**LOULOU** - Je ne suis pas cocue, puisque je me retrouve à nouveau célibataire. J'ai viré le mec qui voulait se faire ma copine, et le seul qui pourrait compter n'a même pas pensé à mon anniversaire ! Maintenant, au lit !!

*Les deux filles se lèvent tant bien que mal. Au moment d'ouvrir la porte, elles se retrouvent nez à nez avec Coco et Ange qui sont mortes de rire.*

**Coco** *(parlant à Ange)* - Si tu savais, c'était horrible…

**Loulou** *(à Coco)* - Tu sais que c'est à cause des filles dans ton genre…

**Marie** - Je veux voir Charles, où est Charles…

**Loulou** *(à Marie)* - Maintenant, tu ferme ta gueule ! *(À Coco.)* Tu sais que c'est à cause des filles dans ton genre que les couples vont très très mal…

**Coco** - Mais qu'est-ce que j'ai fait ?

**Loulou** *(en montrant Marie, de plus en plus malade)* - Regarde, regarde ! Bravo ! *(Elle soutient Marie et toutes deux sortent de la salle de bain.)*

**Coco** - Elle est super agressive avec moi depuis tout à l'heure.

**Ange** - T'es pas au courant ? Loulou m'a dit que Kevin lui avait proposé un truc à trois avec toi ! Du coup, elle l'a foutu dehors !

**Coco** - Ils sont complètement malades ces mecs ! Il suffit que tu leur parles un peu de tes fantasmes, de tes expériences, et voilà, ils s'imaginent au pieu avec toi !

**Ange** - Si t'es allée lui raconter que tu aimerais partouzer, c'est normal qu'il ait réagi de cette manière !

**Coco** - Je ne lui ai jamais dit ça ! Je lui ai simplement dit que j'avais maté dans un club échangiste !

**Ange** - T'as maté dans des clubs échangistes ?!

**Coco** - Oh, je t'en prie Ange ! Faut sortir le dimanche !

*Loulou revient.*

**LOULOU** - Est-ce que l'une d'entre vous m'a envoyé un bouquet de fleurs aujourd'hui ?

**COCO** - Pourquoi je t'aurais envoyé des fleurs alors que je venais ce soir ?

**LOULOU** - Pour me faire une très, très, très mauvaise blague, par exemple !

**ANGE** - C'est pas nous !

**LOULOU** - C'est qui ?

**ANGE** - C'est ta mère !

**LOULOU** - Évidemment, on n'est trahi que par les siens !

**ANGE** - Elle est persuadée que Thomas est l'homme de ta vie !

**LOULOU** - Oui, eh bien je peux vous assurer que le garçon n'est plus, mais alors plus du tout amoureux !

**ANGE** - S'il y a bien un homme qui t'a prouvé son amour, c'est bien lui !

**LOULOU** - Ça, c'était avant. Il n'a même pas pensé à mon anniversaire !

**COCO** - T'es encore amoureuse ?

**LOULOU** - Vous ne voyez pas que j'en peux plus ? J'ai passé ma soirée à essayer de lui parler, à essayer de lui dire que je l'aimais, que je voulais tout recommencer depuis le début, mais je suis morte de trouille !

ANGE - Qu'est-ce que vous avez tous avec vos mariages, ce soir ? D'abord, Marie qui veut se remarier, Peter et son laideron qui veulent se marier, maintenant toi. A qui le tour ?

LOULOU - Qui te parle de mariage ? Je te parle d'amour, de relation et pourquoi pas de cohabitation, mais à aucun moment de mariage !

ANGE - De cohabitation ? Je crois que tu ne rends pas bien compte de ce que tu es en train de dire ! Ou même de ce que tu t'apprêtes à faire !

COCO - Moi, je la trouve héroïque. Ça fait plus de dix ans qu'elle quitte, qu'elle séduit, qu'elle aime, qu'elle déteste, qu'elle trompe…

LOULOU - N'importe quoi, toi !

COCO - Et voilà que maintenant, à trente ans, elle se décide enfin à faire le grand saut ! Je trouve ça génial, sublime, parfait !

ANGE - Vivre avec un homme, tu as pensé à ce que ça signifie, à ce que ça représente ?

LOULOU - Je ne suis pas complètement stupide, évidemment que j'y ai pensé…

ANGE - Vivre avec un mec, c'est partager son lit tous les soirs avec le même homme…

COCO - T'as trouvé ça toute seule ?

ANGE - Laisse-moi finir ! Tu vas le voir tous les matins dans ta salle de bain, dans ta chambre, dans ta cuisine. Tu vas devoir lui faire la bouffe, lui faire les courses, lui laver son linge. C'est très difficile de vivre avec homme, tu ne peux plus rester dans la salle de bain durant trois plombes. Tu ne peux plus fumer le soir dans ton lit parce que ça l'incommode !

**LOULOU** - Ça fait deux mois que je suis au patch !

**ANGE** - C'est une véritable tragédie !

**COCO** - N'en rajoute pas, non plus !

**LOULOU** - J'en ai marre d'avoir peur de l'inconnu. J'en ai marre d'être égoïste, j'ai envie de penser à deux, de construire, de faire des projets. Je veux faire ma vie avec cet homme ! Je ne veux pas le perdre, j'ai besoin de lui, de sa présence, de son odeur. J'ai envie de me réveiller dans ses bras, de m'endormir dans ses bras. J'ai envie de faire un enfant avec lui, je veux vieillir avec lui ! Je l'aime !!

**COCO** - Ils se marièrent et eurent beaucoup d'enfants…

*Moumoune arrive.*

**MOUMOUNE** - Ma chérie, ma fille adorée, ma petite Louise, il faut que tu m'écoutes !

**LOULOU** - Maman, il faut qu'on parle !

**MOUMOUNE** - Thomas est dans la pièce à côté. Il vient d'arriver, la tête ensommeillée, et m'a expliqué que tu lui avais raccroché au nez pour la énième fois ! Tu sais ma chérie, tu ne peux pas passer ta vie à lui demander de revenir et de repartir sous prétexte qu'il ne t'a pas dit les paroles que tu désirais entendre au moment voulu ! C'est un homme, pas une machine !

**LOULOU** - Je ne lui ai rien demandé ! J'ai tout simplement voulu le remercier pour des fleurs qu'il ne m'a même pas envoyées, si tu vois ce que je veux dire !

**MOUMOUNE** - Ma fille, l'amour n'est pas quelque chose qui vous arrive, c'est quelque chose qui se construit tout doucement au fil du temps !

**LOULOU** *(réalisant)* - Thomas est là ? Tu veux dire qu'il est là ? Chez moi ? À bientôt une heure du matin ? Qu'est-ce qu'il veut ? Pourquoi est-il venu ? Il est venu pour Pénélope, c'est ça ?

**MOUMOUNE** - Je peux t'assurer qu'il est venu pour toi !

*Loulou va pour sortir, les trois femmes lui emboîtent le pas. Loulou se retourne.*

**LOULOU** - Où vous allez comme ça ?

**COCO** - Heu… nulle part ! On allait fermer la porte !

**ANGE** - C'est ça, on allait fermer la porte !

**LOULOU** - J'ai peur que ça fasse un peu commando si on débarque à quatre !

**MOUMOUNE** - Bien sûr ma chérie ! Vous restez là les filles…

**LOULOU** - Non, maman !

**MOUMOUNE** - Quoi ? Tu ne veux pas que ta mère, celle qui t'a mise au monde, qui a tant souffert, qui t'a nourrie, blanchie, qui a fait de toi ce que tu es aujourd'hui, assiste à ces retrouvailles ?!

**ANGE** - Eh bien voilà, Moumoune, vous allez peut-être réussir à caser votre fille !

**COCO** - Vous ne voyez pas qu'elle vous fasse grand-mère dans la foulée !

**MOUMOUNE** - Si vous saviez comme je suis heureuse, vous l'auriez vu arriver avec son bouquet de fleurs…

*Durant toute la voix off, Moumoune, Ange et Coco réagiront au dialogue de Thomas et Loulou.*

**THOMAS** *(en voix off jusqu'à la fin)* - Louise, je suis vraiment désolé !

**LOULOU** - C'est pas grave, mon amour ! En même temps, ce ne sont que mes trente ans !

**THOMAS** - Je me suis comporté comme un con !

**LOULOU** - T'es un homme, c'était prévisible !

**THOMAS** - Loulou, je suis perturbé en ce moment…

**LOULOU** - Mais vous êtes tous perturbés… Bon, écoute Thomas, tu n'as pas fait tout ce chemin pour me dire ça !

**THOMAS** - Louise, je veux vivre avec toi.

**LOULOU** - Tu peux me la refaire, j'ai comme un doute !

**THOMAS** - Je veux vivre avec toi, je suis prêt maintenant ! Loulou, tu dis quoi ?

**Loulou** - Tu débarques ici, en plein milieu de la nuit, le soir de mes trente ans, et tu me demandes de vivre avec toi et pourquoi pas de t'épouser ?! Alors que tu étais hier soir chez "Castel", avec cette salope de Pénélope ?!

**Thomas** - Mais je…

**Loulou** - Mais je, mais je quoi ?… Mon pauvre garçon, t'es pas mieux que les autres ! Sors d'ici ! Va la retrouver ta Pénélope ! Casse-toi de chez moi ! *(En hurlant.)* Espèce d'ordure, dégage, mais dégage !…

*On entend la porte claquer. Le rideau se ferme.*


# FIN

# AVIS IMPORTANT

Cette pièce de théâtre fait partie du répertoire de la Société des Auteurs et Compositeurs Dramatiques, 11 bis rue Ballu 75442 PARIS Cedex 09. Tél. : 01 40 23 44 44. Elle ne peut donc être jouée sans l'autorisation de cette société.

Nous conseillons d'en faire la demande avant de commencer les répétitions.

Première édition, dépôt légal : juin 2003
N° d'édition : 024103
ISBN : 2-84422-339-7